마흔이
니체에
   열광하는
   이유

마흔이
니체에
  열광하는
 이유

안지현 지음

동연

쓰는 삶은 단단하다

이유가 있을 텐데. 아침 출근길 생각보다 꽤 자주 나는 생각한다. 이 땅에 태어난 이유를. 거창하게 말하면 소명이고 부정적으로 보자면 염세적인 관념에 지나지 않을 테지만 종종 보다 더 자주 생각한다. 얼마나 대단한 일을 하겠다는 의지가 있는 건 아니지만 그래도 이건 좀 아니지 않나 하는 마음이 불쑥불쑥 올라온다. 출근을 위해 정신없이 아침을 보내고 회사에 나와 또다시 바쁜 시간을 보내고—내가 지금 하는 이 일이 진정 의미 있는 일인가 반문하면서— 또다시 집으로 돌아가 다음 날 출근을 준비한다. 마치 회사에 출근하기 위해 사는 것처럼 내 시간은 일터로 나가기 위한 준비, 일터, 다시 일터로 나가기 위한 취침으로 이어진다. 쳇바퀴를 벗어나지 못하는 일상에 찌들어 살다 일주일에 두 번 나름의 자유에 기꺼이 행복해한다.

"삶의 여로를 걷는 우리는 여행자다. 가장 비참한 여행자는 누군가를 따라가는 인간이며, 가장 위대한 여행자는 습득한 모든 지혜를 남김없이 발휘하여 스스로 목적지를 선택하는 인간이다."

- 니체,《인간적인 너무나 인간적인》

언젠가부터 당연한 듯 타성에 젖은 일상이 못 견디게 싫어졌다. 마흔을 목전에 두고서야 더는 한탄만 할 수 없는 지경에 이르렀지만. 다행히 나는 조금씩 각성하고 있었다.

"좀 단단해졌어?"
휴직이 끝나갈 즘 출근을 앞둔 내게 남편이 물었다. 기억하고 싶지 않은 그때가 다시 떠올랐다. 숨이 쉬어지지 않아 멈춤을 선택할 수밖에 없었던 그때, 나는 절박했다. 보고서를 쓰다 갑자기 울컥했고 사무실 문을 열고 들어가 앉으면 명치가 꽉 막혔다. 밤마다 잠을 자기 위해 갖은 애를 썼고 매일 아침 침대에서 몸을 일으킬 때마다 부서지듯 온몸이 아팠다. 마흔의 나는 금방이라도 쓰러질 듯한 심신(心身)을 붙잡고 위태롭게 버텨내고 있었다.

어떤 대단한 사건이 있었던 건 아니다. 겉으론 평온해 보이는 일상이건만 드러낼 수 없는 초조함이 내 안에 깊이 자리하고 있었다. 그때다. '이렇게 사는 게 맞나?', '나답게 살고 싶다', '나다운 건 뭘까?' 갑자기 찾아든 질문들이 불안에 점철된 나를 가차 없이 흔들어댔다.

누군가는 '개 풀 뜯어 먹는 얘기'라고 먹고 살기도 힘든 사람 앞에서 팔자 좋은 허세라고 조롱할 수도 있겠지만 나는 절실했다. 그래서 찾아야 했다. 이 질문들에 대한 해답을.

스무 살 입시라는 관문을 지나니 입사가 눈앞에 와 있고, 입사를 지나니 결혼이, 결혼을 지나니 육아가 눈앞에 와 있었다. 가까스로 자유로워지나 싶으면 이미 한 세대가 돌아 다시 내 아이의 입시가 성큼 다가와 있다.

이것까지 끝나고 나면 정말 끝일까? 이젠 내가 나로 좀 살아봐도 될까? 끝없이 밀려드는 의무와 책임을 다하느라 진을 빼고 나면 헐거워진 삶의 거죽 안에는 무엇이 남게 될까. 이런 생각이 들 때마다 자꾸만 내가 안타깝고 내일이 무서워졌다.

열심히 산다고 살았는데 과연 이게 맞는 건지 의심으로 가득한 중년의 일상을 마주한 건 나뿐만이 아니었다. 저마다의 이유로 마흔의 우리는 아팠다. 희로애락이 순서 없이 찾아와 뒤엉켜 있는 게 인생이라지만 어째서 우리는 불안이란 늪에서 쉽사리 헤어나오지 못하는 걸까. 어느덧 불안의 대명사가 된 '마흔'의 우리가 인생을 잘못 살기라도 한 걸까. 아프지 않고 힘들지 않은 세대가 있겠냐마는 이제는 제법 내성이 생겼을 법한 마흔이 유독 흔들리는 이유는 뭘까?

'어떻게 살아야 하지?'

노트북을 열었다. 뭐라도 하지 않으면 나라는 사람이 먼지처럼 사라질까 두려워 손가락 마디를 곧추세우고 글자마다 나를 담아내기 시작했다. 주제는 나였다. 나일 수밖에 없었다. 그 질문은 타인에게서는 얻을 수 없는 답일 테니까. 매일 썼다. 답이 없는 질문을 한다는 건 생각보다 괴롭고 절망스러운 작업이었다. 세계는 온통 정답으로 점철되어 있어서 정답이 아니면 우린 항상 불안했으니까. 출발지도 도착지도 정해지지 않은 나라는 존재에 대한 낯선 여행은 불편하고 때때로 느닷없이 두렵기도 했지만, 이 혼란을 수습하고 삶의 전환을 이뤄낼 길은 오롯이 나에게 직진해보는 것 외에는 달리 방법이 보이지 않았다. 나를 들추고 밝히고 그렇게 드러난 나를 직면하고 버텨보자는 심정으로 마흔의 글쓰기가 시작됐다.

책의 시작에서 결론을 미리 얘기하자면, 나는 글쓰기를 통해 '삶의 자유'를 '선택'할 수 있게 되었다. 이 말은 온전히 자유로워졌다는 말과는 다르다. 온전한 자유는 환상에 지나지 않는다. 너무나 당연하다. 내 인생은 아이의 인생, 남편의 인생, 곧 마주할 노후라는 피할 수 없는 운명과도 겹쳐있다. 나와 겹친 인연의 수만큼 운명적 책임 또한 거미줄처럼 복합적이다. 책임을 다할 때 우리는 그만큼의 자유를 획득한다. 따라서 책임은 자유의 대전제이고, 홀로 온전하지 않은 우리에게 '온전한' 자유는 허락되지 않는다.

그래서 선택적 자유를 '선택'하겠다는 거다. 아이와 남편, 가족이라는 필연적이고 사회적인 인연과 책임을 인정하는 동시에 나를 위한 선택도 포기하지 않겠다는 것이다. 내 삶을 소모하는 게 삶의 의미라는 식의 자위를 더는 하지 않겠다는 것이다. 바로 이것이 내가 글을 쓰며 내린 결론이자 니체에 빠져든 이유다.

글을 쓴다고 불안하지 않은 건 아니지만, 이제 나는 불안을 어느 정도 견뎌낼 수 있게 되었다. 내가 가려버린 삶의 문제들, 정확히는 보여주고 싶지 않은 내 안의 내 마음은 들추지 않으면 드러나지 않는다. 달리 말하면 들추는 순간 그것들은 적나라하게 진실을 드러낸다. 보고 싶지 않은 것을 대면할 때 불편하다. 아프다. 하지만 반복은 고통을 무디게 하고 결국 삶의 본질에 닿게 해준다.

마흔에 이르러서야 하게 된 생각들, 마흔쯤 되니 달

라지는 책을 향한 시선, 더는 담을 수 없어 쏟아내야 하는 내 안의 그것들과 이제야 조금씩 그려지는 삶의 궤적을 이 책에 담았다. 결코 평면적이지 않은 이것들을 지면에 담기 위해 적지 않은 인내와 노력이 필요했음을 고백한다.

나는 글쓰기를 배운 적이 없다. 이 책은 쓰기의 기술을 다룬 게 아니라, 쓰기의 이유를 고백한다. 글이 모이면 내가 보인다. 매일 쓰기가 어떻게 내 인식을 전복시키고 새로운 세계로 나가게 하는지 이유와 동기를 만드는지 내 일상의 기록을 통해 당신을 쓰기의 세계로 안내할 것이다.

나는 하나의 상징이다. 수없이 불안한 마흔을 표상하는 하나의 상징에 불과하다. 나는 당신이고, 당신은 나다. 그래서 나의 이야기는 결국 우리의 이야기다.

나는 믿는다. 쓰기가 당신의 삶에 새로운 문이 되어줄 것임을.

차 례

3장

| 마 | 흔 | | 쓰 | 기 |

부록

| 어 | 떻 | 게 | | 쓸 | 까 | ? |

1장

마 흔 살 피 기

마흔이 되니 이전과는 다른 관점이 생긴다. 마흔이 되니
진짜 어른의 모습에 대해 고민하게 된다. 마흔이 되어서
야 삶에 질문을 던지기 시작했다. 마흔이 되니 생각이 많
아진다.

대학을 졸업하고 사회생활을 시작한 지 20년이다. 가정이라는 울타리를 벗어나 유치원, 초등학교, 중학교, 고등학교, 대학교까지 합치면 사회라는 세상에 발을 들여놓은 지 어림잡아 40년이다. 지금까지 별문제 없이 학교, 직장, 사회생활을 했다. 남들 하는 결혼도 했고 사랑스러운 아이들도 낳아 보통의 삶 정도는 꾸리고 있다. 그런데 정신없이 바쁘던 삼십 대를 지나 마흔의 문턱을 넘으면서 사회생활은 오히려 더 힘에 부치는 기분이다. 지금 만나는 사람들이 과거와 비교해 특별히 별스러운 것도 아닌데 말이다.

하필이면 부모님을 모시고 근교로 나들이를 떠난 날 온종일 두통에 시달렸다. 약간의 신경 쓰임은 시간이 지날수록 깨질 듯한 두통으로 이어졌다. 머리가 아플 때마다 거슬리는 일과 감정이 나를 더욱 곤두서게 했다. 약을 먹어도 나아지지 않는 수준으로 번졌다. 지긋지긋한 두통. 한동안 나아진 줄 알았는데 아니었다. 찬물로 세수를 해본다. 거울에 비친 나를 바라보다 다음 한 문장이 나를 저격한다. "사회성이 부족한가?"

아뿔싸, 곧바로 '썩소'가 따라 나온다. 직장생활 20년 차에 사회성 부족을 의심하다니 스스로 생각해도 어이없다. 정신 차리자.

어째서 우리는 현상이 반복되면 자신에게 문제가 있다고 치부해 버리는 걸까. 자신에 대한 절대적 믿음은 정녕 이루어질 수 없는 허황한 기대일까. 잠을 자고 일어났는데도 여전히 머리가 무겁다. 괜한 카페인만 연거푸 들이킨다. 이런다고 나아질 두통이 아닌데.

저건 분명 감정을 뒤섞은 질타다. 아침부터 짜증이
섞인 목소리로 버럭버럭 소리를 질러대는 상사가 눈
앞에 있다. 뭐가 마음에 안 들었는지 보고도 끝나지
않았는데 토시 하나하나에 자신의 불편한 심기를 드
러낸다.

"좋게 말씀하세요."

이성이 단속할 새도 없이 튀어나온 한마디였다. 잠
시 당황한 듯한 상사가 절규하듯 한마디 한다.

"시비를 걸었잖아!"

이게 무슨 말인가? 시비라니. 위계가 엄격한 조직
사회에서 상사에게 시비를 거는 게 가능하기나 한
가?

"보고드리는 거잖아요. 상황을 설명하는 게 무슨
시비입니까? 제가 어떻게 팀장님께 시비를 걸죠?"

되돌아온 그의 말에 나는 입을 닫았다.

"전달하듯 보고하는 게 시비지."

이건 그냥 내가 싫은 거다. 이유야 알 수 없지만, 그간 나에 대한 감정을 차곡차곡 쌓고 산 모양이다. 상사와의 이견 다툼은 있을 수 있다. 상황을 바라보는 시각이 다르고 각자의 입장이라는 게 있을 테니. 직장생활 20년 동안 이런 상황이 한두 번이었겠나.

달라진 게 있다면 이제는 '입 꾹!' 하고만 있지 않겠다고, 더는 당하고만 있지 않겠다는 쪽을 '선택'했다는 거다. 사건의 맥락을 따지고 들자면 나도 그도 잘못이 없다 할 수 없을 거다. 하지만 관계의 수면 아래에서 흘러온 맥락이 중요한 만큼 그에 못지않게 상대에게 드러내는 존중의 태도 또한 중요하다. 살다 보면 맥락이나 서로의 진심보다 당장 상대가 눈앞에서 드러내는 나에 대한 최소한의 존중에 목숨을 걸게 되지 않던가.

상사라 해서 선을 넘는 태도에 그저 '나 죽었소' 당하고만 있지 않기로 한 거 보니 이제 내 짬도 꽤 된 모양이다. 그나마 팀장이 아주 못돼 먹은 사람은 아니었나 보다. 자신이 짜증을 부렸는지 어쨌는지 잘 모르겠는데 '어쨌든' 미안하다는 절반의 사과를 건넨다. 그의 사과가 진심인지 아닌지는 상관없다. 여기까지가 상황이다.

자, 그럼 문제는 무엇인가. 이런 상황이 반복되는 게 문제다. 같은 상황이 반복되는 건 겉으로 드러난 현상은 없을지 몰라도 안에서 곪고 있는 원인이 있다는 방증이다. 그리고 더 큰 문제는 이런 상황에서 스스로 상대가 아닌 자신을 탓한다는 거다. 내게 무슨 문제가 있나? 내가 무엇을 잘못해서 상대에게 불편한 감정을 느끼게 했을까? 자신의 행동 하나하나를 곱씹는다. 안 찍어도 되는 낙인을 찍어대며 자존감을 떨어뜨린다.

그날 아침이 머릿속을 떠나지 않는다. 이럴 땐 정말 예민한 기질을 타고난 나를 한없이 탓하고 싶다. 그러려니 넘어가지 못하는 스스로가 그지없이 나약하게 느껴진다. 타고난 기질 탓인지 못된 성격 탓인지 모처럼의 가족여행까지 불편한 감정을 데려와 애를 먹는

지. 점점 심해질 두통을 직감했다. 이럴 때 쓰는 방법은 두 가지다. 얼른 농도 짙은 커피를 한 잔 내려 마시든지, 두통약을 먹든지. 보통은 두 방법 다 순서만 바뀔 뿐 모두 처방하는 응급처치다. 커피를 내려 책상에 앉아 핸드폰을 열었다. 짧은 글귀 하나에 내 두통은 사라졌다.

누가 나를 싫어하면
나도 싫어하면 된다.
나를 싫어하지 말고.
(하상욱 시인)

상대가 나를 싫어하는 건 내 소관이 아니다. 상대의 기준에 나를 잠시 맞출 수는 있겠지만 사람은 쉽게 변하지 않는다. 그가 나를 싫어한다고, 내가 나를 싫어하면 안 된다. 상대와 내가 애초부터 안 맞는 사이일지도 모른다. 관계에 있어 모든 문제를 내 탓으로 돌리지 말아야 한다. 내 탓을 해버리면 결론은 언제나 쉽다. 그저 참으면 된다. 그것으로 일단락되는 듯싶지만, 그건 결국 내가 나를 힘들게 하는 결론으로 귀결된다. 시간이 지날수록 지치고 작아지는 건 나뿐이다. 져주는 게임만으로는 절대 이길 수 없다. 그러니 나는 나를 탓하기 전에 지켜야 한다. 나는 나를 가장 사랑해야 한다.

나를 사랑한다는 건, 도망치려는 나를 붙들고 당당히 맞설 용기의 기운을 계속 주입하는 것이다. 투쟁할 때 투쟁할 줄 아는 용기 있는 나를 응원하는 것이다. 마흔을 지나면서 심하게 '마흔춘기'를 앓고 겨우 알게 된 삶의 지혜다.

불안한

마흔에게

　희한하다. 누군가 '40'이란 숫자에 #불안이란 해시태그를 걸기라도 한 것처럼 어쩜 우리의 마흔은 몸도 마음도 한결같이 힘들까. 이삼십 대 힘들어도 인내하며 열심히 하면 미래는 지금과 다를 거란 희망을 품었다. 선명하진 않지만 밝은 미래를 상상하며 그 꿈을 향해 기울인 모든 노력은 설렘이었다. 그러나 사십 대 내겐 오늘도 어제 같고 내일도 오늘과 크게 다르지 않으리란 무력감이 엄습한다. 나이 듦을 실감하게 하는 신체 변화 역시 수시로 내가 중년임을 자각하게 하지만 그렇다고 삶을 그대로 수용하고 체념하기에는 아직은 내 안에 무언가가 꿈틀대기도 한다.

　머리만 대면 깊이 자던 여태까지의 나는 온데간데 없다. 새벽녘에 한번은 깨서 화장실에 다녀와야 하고 밤이 깊어도 선잠을 잘 뿐 정신은 몽롱하게 깨어있다. 푹 꺼진 눈 밑을 보고 열심히 아이크림을 바른다. 잃어버린 탄력이 화장품 하나로 차오르지 않겠지만 지푸라기라도 잡는 심정으로 그 작은 부위를 수십 번 두드려댄다. 자세히 들여다보아야 알 수 있는 신체 변화는 차치하고라도 눈에 띄게 나타나는 노화는 마흔의 불안을 부채질하기에 충분하다. 그리고 이 모든 변화가 시간이 없다며 나를 떠민다.

　국민건강보험공단 발표에 따르면, 국민 20만 540명(21년 기준)이 '공황장애' 진단을 받았다고 한다. 10년 전인 2012년 7만 9,997명에 비해 2.5배 증가한 수치다. 공황장애는 불안 장애의 일종으로 갑자기 가슴이 뛰고 숨이 쉬어지지 않는 등의 현상이 지속해서 나타날 때 붙여지는 진단이다. 과거에는 '연예인 병'으로 알려졌었지만, 이제는 일반인에게도 흔하게 나타나는 질병이다.

몇 해 전 나도 공황장애 전 단계라는 진단을 받았다. 숨이 쉬어지지 않고 미친 듯이 가슴이 뛰었지만, 발작을 일으킬 정도까지는 아니었다. 그래서 '前'이라는 단어가 붙여졌는지 모르겠다. 다른 나라에서는 대개 20대 초·중반에 많이 발병한다는데 우리나라는 공황장애 환자, 네 명 중 한 명이 40대라고 한다. 통계만 놓고 본다면 스트레스에서 촉발한 불안 장애가 중년에게 가장 많이 나타난다는 건 꽤 흥미로운 현상이 아닐 수 없다. 사실 40대는 개인적으로나 사회적으로 적당히 안정적인 시기다. 취업과 결혼, 출산 등 인생의 큰 산이라 일컫는 과제들을 대부분 넘었기 때문이다. 도대체 무엇이 이들을 숨조차 쉬지 못하게 하는 걸까? 그런데도 자신의 숨통을 눌러대는 불안을 애써 외면한다.

내 둘째 녀석은 감성이 매우 풍부한 아이다. 상대의 미세한 표정, 어감에서 그의 감정을 읽어낸다. 본인의 감정에도 솔직한 편이어서 자신의 상태가 어떤지 조곤조곤 말로 전달하는 아이다. 그런 아이가 자주 쓰는 단어가 있는데 '슬프다'이다. 시도 때도 없이 슬픈 아이를 나는 어떻게 위로할지 난감했다. 처음에는 마냥 수용했다(아니 수용하는 척했다).

"우리 정우가 슬프구나. 왜 슬플까?"

아이를 들어 올려 가슴과 가슴이 맞닿도록 한동안 안아준다. 수백 번의 포옹이 아이의 슬픔을 덮었다. 그러던 어느 날 나는 겁이 나기 시작했다. 혹시 아이에게 내가 모르는 어떤 사건이 있을까? 아이의 정서에 무슨 문제라도 생긴 걸까? 솔직히 고백하자면 극단적 T형(이성적인) 엄마인 내가 아이의 슬픔을 일일이 공감하기가 피곤했다. 수용이 공감은 아니지 않은가. 슬프다고 말하는 아이를 자세히 들여다본다. 맥락도 없이 슬픈 아이를 가만히 바라보니 아이는 정말 슬픈 게 아니었다. 무서워도 슬프고 걱정이 있어도 슬프고 엄마가 보고 싶어도 슬픈 거였다. 아이는 불편한 모든 감정을 슬프다는 말로 대변했다. 말귀를 잘 알아듣는 아이라 이렇게 말해 주었다.

"감정에는 각각의 이름이 있어. 우리가 각자 이름이 있는 것처럼 말이야. 그래서 정확한 이름을 불러줘야 해. 그렇지 않으면 그 친구들이 헷갈려. 어두운 건 슬픈 게 아니라 무서운 거고, 뭔가 걱정이 되면 걱정된다고 말해야 해. 엄마가 보고 싶을 땐 슬픈 게 아니고 그리운 거야. 슬픈 거랑 비슷하지만 조금씩 달라."

아이는 내 설명을 이해했는지 자신의 감정을 구체적으로 전달하기 시작했다. 그 뒤 감사하게도 슬프다는 표현은 눈에 띄게 줄었다. 아이는 자기가 느끼는 감정에 정확한 이름을 붙여주기 위해 아마도 자신의 감정에 집중했을 것이다. 가만히 들여다보며 이게 두려움인지 그리움인지 슬픔인지 알아내려고 했을 것이다. 아이의 슬픔이 이제야 제자리를 찾아간다.

우리의 불안도 마찬가지다. 우리가 불안하다고 느끼는 감정이 진짜인지 알아챌 필요가 있다. 불안에도 정확한 이름이 필요하다. 이를테면 유년 시절의 결핍이나 사건 때문에 생긴 트라우마인지 타인과의 비교에서 오는 질투나 조급함인지 말이다. 사실 자신을 조금만 들여다보면 대부분의 불안은 해결되는 문제다. 그리고 어떤 난제도 해결 방법이 있다면 더는 문제가 아니게 된다. 40여 년을 사는 동안 한 번도 묻지 않은 질문이 송곳이 되어 나를 꾹꾹 찔러댄다. 그러기에 이제라도 우리는 자신의 불편한 감정을 직시하고 제대로 된 이름을 붙여야 한다.

마흔의 고개를 넘는 많은 이들에게 예고 없이 찾아드는 '삶의 정의'는 정해진 답이 있는 게 아니다. 각자의 수만큼 우리가 내릴 수 있는 삶의 정의 역시 다양하다. 인생이 무엇인지, 나는 어떤 사람인지, 어떻게 살아야 할지 토시 하나 다르지 않은 의문과 절망 속에 누군가는 도약하고 누군가는 좌절한다. 비결이 뭘까. 치열하게 자신을 파고드는 거다. 시선의 방향을 타인이 아닌 나로 선회하는 거다. 내가 느끼는 불편한 감정이 어디에서 기인했는지 집요하게 묻는 거다.

직장 상사가 내 속을 뒤집을 때, 실력도 없으면서

때마다 승진은 꼬박꼬박하는 동료를 볼 때, 둘이서 벌어도 허덕이는데 부모 찬스로 여유로운 친구를 볼 때, 영혼까지 끌어모아 마련한 집값보다 대출금리가 더 오를 때, 내가 산 주식만 바닥이 어딘지도 모른 채 지하 100층으로 곤두박질칠 때, 공부 하나 하라는데 그조차 하지 않는 아이를 볼 때마다 우리는 작금의 처지를 비관하며 닥쳐올 미래를 두려운 마음으로 바라본다. 그렇다고 이런 상황에서 모두가 똑같이 불안하지는 않다. 불안에 익숙한 사람일수록 마음 어딘가에 '비교'라는 씨앗이 내려 앉아있다. 저 사람과 나를 같은 선상에 놓고 저울질한다. 나만 놓고 보면 보통의 상황(어쩌면 행복한 순간)이 비교하는 순간 정체성을 잃고 희석된다. 자기로서 충분히 만족할 만한 상황에서 타인이라는 객체가 끼어드는 순간 우리의 기쁨은 반감되고 슬픔은 증폭된다.

나 역시 그랬다. 안정된 직장, 화목한 가정, 건강하신 양가 부모님, 제 밥벌이 잘하는 형제들, 문제라 여길 만한 어떤 것도 없는 환경에서 나는 불안했다. 제멋대로 미래를 상상하며 더 많은 것을 축적해야 한다고 스스로 다그쳤다. 그래서 내게 허락된 현재의 행복을 실체도 없는 불안에 내주었다. 그러나 이제는 당당히 말할 수 있다. 나는 불안하지 않다. 책의 첫머리를 〈불안한 마흔에게〉로 정한 건 당신도 크게 다르지 않단 걸 알기 때문이다. 불안의 대명사 '마흔이'들에게 당신의 진짜 감정을 직시해야 한다고, 인간은 노력하는 한 헤매기 마련이라는 괴테의 말처럼 헤맬수는 있어도 자신으로의 정체성은 잃지 말라고 말해주고 싶었다. 점점 더 단단해져 갈 우리의 남은 마흔을 위하여.

대한민국에서

사십 대로

산다는 건

언젠가 라디오에서 민들레에 관한 사연을 들었다. 민들레는 생명력이 매우 강한 식물이라 뿌리까지 뽑지 않으면 다른 풀들까지 자라지 못하게 영역을 확장한다고 한다. 누군가에게는 약초이고 누군가에게는 잡초인 꽃이 민들레라고. 갈라진 시멘트 틈 사이를 비집고 나온 민들레를 보며 그의 끈질긴 생명력에 소름이 돋기도 한다.

사연을 듣다 혹시 누군가(인간이 아닌 신 정도가 되겠다) 약해 보이는 사람들을 골라 불안이라는 씨앗을 떨어뜨려 놓는 건 아닐까 생각했다. 불안은 민들레처럼 생명력이 아주 강하다. 물을 주지 않아도 빛이 없어도 일단 자리 잡으면 행복, 안도감이 자라지 못하게 무한대로 뻗어나간다. 지금 대한민국은 봄바람에 흩날리는 민들레 꽃씨처럼 불안의 꽃씨가 퍼지고 있는지도 모른다.

불안이 디폴트값이 된 대한민국, 그중에서도 사십대는 불안에 잠식된 이 사회가 규정한 기준에 맞춰 아등바등 살아간다. 그렇지만 또 누구보다 자기다움을 정의하고 싶은 나이다. 궁금했다. 시대적 거대 담론에 휘말린 건지 개인의 욕망이 모여 불안이란 사회적 패러다임을 만들어 낸 건지. 소셜미디어에서 #마흔을 검색하자 가장 많이 보이는 사진이 있었다. 책 그리고 자기 얼굴(더 정확히는 셀카로 찍은 얼굴). 불안하지 않은 마흔의 선배를 찾지 못한 이들은 자기라는 정체성을 찾기 위해 남의 글을 읽느라 정신이 없다. 이제는 나이가 보인다는 푸념을 빼놓지 않으면서 셀카로 찍은 자기 얼굴 사진도 잊지 않는다. 자기 정체성을 찾기 위한 눈물겨운 노력이 우리의 사십 대 곳곳을 관통한다.

　사십 대가 되면 꽤 의젓한 어른이 되어 있을 줄 알았다. 불혹(유혹에 흔들리지 않는)의 경지까지는 아니더라도 나름의 뚝심 정도는 가지고 살아가리라 기대했다. 내가 우리 첫째 나이에 기억하는 부모님은 단단했다. 어떤 어려움도 현명하게 헤쳐 나가고 언제나 바른 판단을 한다고 믿어 의심치 않았다. 돌아보니 그때 부모님의 나이가 지금의 내 나이다. 미약하기 그지없는 나를 절대적 존재로 여기고 의지하는 내 아이들은 이 사실을 알고 있을까. 그러고 보니 대한민국에서 사십 대로 산다는 건 나의 미약함과 유약함을 잘 숨기며 사는 건 아닐는지. 세상 무서울 것 없는 사춘기와 충돌하는 갱년기, 고전적인 상사와 MZ세대 사이 낀 X세대, 국가부도(IMF)를 생존으로 겪은 세대, 기대수명 100세 평생 노동 세대, 가족을 부양해야 하는 무한책임 세대이자 돌봄을 기대할 수 없는 고독한 세대. 현재도 앞으로 다가올 미래도 무엇 하나 확신할 수 없지만, 겉으론 모두가 태연하다.

우리 부부는 동갑내기다. '마흔'을 유독 심하게 앓은 나와 달리 남편은 명랑중년이다. 작은 일에 아이처럼 기뻐하고 숏폼 영상 하나에도 꺽꺽 넘어간다. 마흔이 모든 이에게 진지하게 다가오는 건 아닌가 보다. 그렇다고 이 명랑중년에게 세상이 마냥 놀이터 같을까. 정도의 차이가 있을 뿐 사십 대는 자신의 세계를 허물고 다시 세우는 일을 반복한다. 그래서 아프고 그렇기에 벅차다. 때로는 색깔이 없는 것 같기도, 형태가 모호해 보이기도 하지만 경계에 날을 세우지 않는 건 유약함이 아닌 유연함이고 목소리를 내지 않는 건 비겁해서가 아니라 그만큼 비장하기 때문이다.

물에 술 탄 듯, 술에 물 탄 듯한 밍밍한 맛을 엄마는 아빠의 성격에 자주 빗댔다. 말수가 적었을 뿐만 아니라 자기의 의견이나 주장이 없었던 아빠에 대한 엄마의 불만이었다. 나 역시 그런 아빠의 성격이 답답했다. 왜 싫다 좋다 분명하게 대답해 주지 않는 걸까. 아빠의 나이가 되고 나서야 알게 됐다. 아빠는 이 땅에서 사십 대로 살아내고 있었다. 시대는 다르나 같은 사십 대를 사는 나는 아빠보다는 엄마를 닮았다. 좋고 싫음이 분명하고 무례하지 않은 선에서 내 의견을 상대에게 전달하는 편이다. 분명할수록 오해가 적고 효율적이라 여겼다.

그런데 시간이 흐를수록 나의 신념에 균열이 더해진다. 나는 마침표(.)가 좋은데 세상은 말 줄임표(…)를 원한다. 나는 검정이나 하양이 좋은데 자꾸 회색 인간이 되라 종용한다. 분명한 색깔을 가진다는 건 그만큼 적을 만드는 일이 되기도 한다. 나는 무색무취가 불편한데 그게 원만함이고 조화라고 말한다. 누군가와 혹은 무엇과 대척점에 선다는 건 힘든 일이다. 고단하고 외롭다. 그래서 얻는 실익이 무엇인지 당장은 알 수 없지만 그럼에도 불구하고 나는 그 길로 갈 것이다. 그게 타고난 기질대로 사는 내 방식이기 때문이다.

요즘은 어쩐 일인지 써진 대로 읽지 않고 본대로 기억하지 않는 오류를 퍽 자주 범한다. 실수의 빈도에 따라 수긍의 속도도 빠르면 좋겠는데 '판명'이 날 때까지 우겨대니 민망할 때가 한두 번이 아니다. 얼마 전 남편과 약속장소를 정하는데 내 머릿속에 있는 장소와 입 밖으로 나온 장소가 달랐던 거다. 내가 맞다 네가 맞다 옥신각신 다투는 중에 남편이 웹 지도를 열어 정확히 찍어준다. 옆에서 대화를 듣던 아이가 나에게 펀치를 날린다.

"엄마는 엄마가 늘 맞을 거란 확신을 버려. 엄마가 틀릴 수도 있는 거야."

평소에도 정곡을 찌르는 말을 웃으며 하는 아이지만 이번엔 세다. 동공이 흔들렸지만 잽싸게 쿨한 어른인 척했다. 어른을 한 방 먹인 아이의 기세가 입꼬리를 따라 올라간다.

20대에는 몸이 앞섰다. 30대에는 머리가 앞섰다. 40대가 되고 보니 마음이 앞선다. 열정으로 충분했던 시기가 있었고 이성적 판단과 논리가 중요한 시기도 있었다. 축적된 경험과 사유를 바탕으로 나는 나의 세계를 만들어 간다. 그러나 나는 늘 경계해야 한다. 철학이 자기 확신에 사로잡힌 독단과 아집이 되지 않도록 말이다. 내가 본 것, 들은 것, 기억하는 것이 진실이지 않을 수 있다는 사실을 늘 명심해야 한다. 자기 확신은 자칫 상대를 무시하는 결례를 범할 수 있다. 분명한 게 좋다지만 언제든 내가 틀릴 수 있음을 기억하겠다 다짐한다. 내 세계는 또 이렇게 무너지고 다시 세워진다. 마침표보다 말줄임표가 여물지 못한 내게는 더 유리할지 모른다.

나는

무엇이고

싶은가

나는 좋은 사람이고 싶다.

나는 멋있는 사람이고 싶다.

나는 따뜻한 엄마이고 싶다.

나는 애인 같은 아내이고 싶다.

나는 사랑한 딸(며느리)이고 싶다.

나는 마음을 파고드는 작가이고 싶다.

나는 행동으로 움직이는 강연가이고 싶다.

나는 닮고 싶은 선배이고 싶다.

나는 같이 일하고 싶은 동료이고 싶다.

나는 나누는 사람이고 싶다.

나는 자랑스러운 대한민국 국민이고 싶다.

당신은 무엇이 되고 싶은가 묻는다면 나는 금방이라도 이렇게 대답할 것이다.

당신은 어떻게 살고 싶은가 묻는다면 깊은 고민 끝에 겨우 대답할 것이다.

······ 잘살고 싶습니다.

내가 되고 싶은 건 명사이나 바라는 삶은 동사다. 삶은 움직이는 것이기 때문이다. 삶은 변화하는 것이기 때문이다. 어릴 적 아니 지금도 누군가 꿈이 무엇인지 묻는다면 우리는 대부분 명사로 대답할 것이다. 명사는 고정불변한 하나의 형상을 나타낸다. 딱 떨어진다. 그런데 나라는 사람은 그리 간단하지 않다. 간단할 수 없는 구조다. 단어 하나에 담기에 나라는 사람은 복잡미묘하다.

우리는 지금 '무엇'이다. 직업일 수도, 역할일 수도

있는 무엇 말이다. 그런데도 삶의 허기를 느끼는 건 명사에는 다 담을 수 없는 내가 존재하기 때문이다. '무엇'을 목표로 살아온 우리가 '어떻게'를 만나 방황하는 이유다. 무엇과 어떻게가 모여 '나'라는 실체가 드러난다. 그게 정체성이다. 흔히들 정체성을 고정불변의 명사쯤으로 생각하는데 오해다. 정체성은 끊임없이 변한다. 내가 변하기 때문이고 삶이 동사기 때문이다.

사춘기도 크게 겪지 않고 지나온 사람들이 마흔의 언저리에서 '마흔춘기'를 겪는 데는 이유가 있다. 사춘기는 호르몬의 영향도 있지만, 삶의 이유를 온몸으로 캐묻는 시기다. 왜 살아야 하는지 어떻게 살아야 하는지 태어나서 처음으로 생존의 근원적 질문에 답을 찾는 시간이다. 그래서 아프고 힘들다. 누구라도 말해 줄 수 있지만 다른 이가 정의한 삶은 내 게 아니기에 스스로 찾아볼 수밖에 없다.

마흔춘기는 사춘기보다 더 치열하다. 살아온 시간만큼 굳어진 자신의 신념, 쌓아온 삶의 궤적과 촘촘한 연결에서 파생된 의무들이 나를 휘감고 있다. 실패해도 한때 방황이라고 치부하기에는 남은 시간이 적을 뿐 아니라 그에 따른 기회비용은 사춘기와 견줄 바가 못 된다. 그렇지만 한번은 맞아야 할 인생의 백신이다. 자가면역항체를 기대하며 피하기에는 살아가야 할 세월이 길다. 사춘기가 삶의 질문이라면 마흔춘기는 삶의 대답이자 애정이다.

  적은 나이도 아닌데 하고 싶은 게 많은 건 열정이 많다기보다 불안한 상태일 가능성이 크다. 지금껏 쌓아온 걸 포기할 용기도 아직 무언가에 몰방(沒放)할 확신도 없으면서. 어린아이가 청소년기를 지나 성인이 되고 다양한 역할을 경험하게 되는 필연적 과정에서 우리는 늘 정체성의 혼란을 겪어왔다. 이게 맞나 저게 맞나 고민하는 사이 우리는 조금씩 자기의 정체성을 확립해 간다. 조금 일찍 자기 정체성을 찾은 이도 있고 흔들리며 방황하는 시간이 길어지는 이도 있다. 일찍 찾았다 해서 그것이 최후의 정체성일 리도 없다. 내 상태의 변화와 상황에 따라 확립된 정체성은 다시 도전받고 흔들리고 또다시 안정을 되찾을 거다. 내가 성장하는 한 말이다. 다음 단계로 도약하기 위해 거쳐야 할 지극히 당연한 모습이다.

그러니 내가 누군지 무엇이 되고 싶은지 어떻게 살고 싶은지 혼란스러울 때 주저앉거나 누군가를 무작정 따라 할 게 아니라 자신의 신념을 따라 그대 안으로 파고들어 보자. 원석을 찾는 게 먼저고 세공은 그다음이니까. 단순하지 않은 내 안에 어떤 원석을 담고 있는지 찾아야 무엇으로 세공할지 결정할 수 있을 테니까. 같은 중량의 보석도 시장에 나와 있는 모습에 따라 값이 다르다. 정교함의 정도가 보석의 가치를 결정한다.

마흔의

고백

사람은 보고 싶은 대로 본다. 그리고 아는 만큼 보인다. 흰머리, 주름, 불룩하게 튀어나온 배, 처진 팔뚝살, 고집스럽게 다문 입이 중년 하면 떠오르는 이미지다. 나는 중년이다. 허리 세대인 40대를 대표하는 것 중에 좋아 보이는 게 별로 없다. 모름지기 코어(core)가 튼튼해야 건강한 법인데 어쩌 우리의 허리 세대는 불안하다.

얼마 전 앨범을 정리했다. 지금이야 디지털 사진뿐

이지만 불과 10년 전만 해도 사진을 인화해 앨범에 꽂
곤 했다. 자주는 아니지만, 이따금 앨범을 들쳐 보며
추억을 소환한다. 어쩌면 내가 추억 속으로 소환됐는
지도. 사진 속 나는 풋풋하다. 맑다 못해 청량한 느낌
마저 든다. 반달눈을 만들고 입을 크게 벌린 채 웃고
있는 모습이 세상 근심은 안중에도 없는 모습이다. 사
진 속에서 까르르 웃음소리가 들린다. 밝게 빛나고 있
는 내 모습이 어색한 걸 세월 탓으로만 돌리기엔 양심
이 꿈틀댄다.

　이삼십 대 내 관심은 세상이었다. 그렇다고 세상이
어떻게 돌아가고 지구 평화를 걱정했다고 오해하지
마시라. 그저 요즘 유행하는 옷은 어떤 스타일이고 유
망한 직업은 무엇이고 친구가 어떤 배우자와 결혼하
는지 혼수로 무엇을 주고받는지 어떤 집에서 살고 어
떤 차를 타는지 정도였다. 내 기준은 대한민국 평균이
아니라 내 지인의 평균이었을 뿐이다. 원래 인간은 준
거집단 속에서 행복과 불행을 느끼기 마련이니까.

김광석의 '서른 즈음에'를 들었다. 사랑과 청춘을 떠나 보내고 매일 이별하며 산다는 시적인 가사와 가사보다 더 절절한 가수의 목소리가 나의 서른을 소환했다. 나에게 청춘은 없었다. 어지러운 십 대를 보낸 이유일까. 그토록 고대하던 스물은 내게 찬란하지 않았다. 서른도 마찬가지다. 청춘과 작별을 고하는 그즈음에 나는 청춘과의 이별보다 배 속 아이와의 만남에 조금은 두려웠다. 그렇게 이삼십 대와 이별하는지도 모르고 이별해서일까. 마흔은 그 어느 때보다 잔인했다. 우리의 지금 나이는 내가 살아온 날 중에 가장 고령이고 살아갈 날의 가장 젊은 날이라 늘 작별을 고하나 언제나 처음이다.

이삼십 대에 나는 정말 열심히 살았다. 그러나 청춘의 열정은 아니었다. 열심과 열정은 다르다. 열정은 뜨겁지만 열심은 차갑다. 마흔 즈음에야 나는 뜨겁게 살고 싶어졌다. 여태까지의 내 삶에 내가 보이지 않았다. 누구를 위해 산 인생은 아니었지만, 온전히 나를 위한 삶도 아니었다. 내 인생인데 이제는 내가 보여야 하지 않을까.

사람들은 내 겉모습만 보고 내가 누긋한 줄 안다. 나는 다분히 비판적이며 약간은 반항적인 기질을 가지고 있다. 정말 그래? 내가 한번 해볼까? 왜 꼭 그래야 하나? 통제하기 전에 불쑥 올라오는 생각들이 다분히 비틀어져 있다. 논쟁하기를 좋아하지 않지만, 이해하지 못하면 상대가 누구든 피하지는 않는다. 공격적 성향이라서가 아니라 위험회피 기제가 낮을 뿐이다. 이런 기질을 좀 일찍 알았다면 아마도 지금쯤 다른 길을 가고 있지 않을까 추측해본다. 아니 알았으나 현실과 타협했다는 쪽이 더 정확하겠다. 그러니 이제는 현실에 내어주기보다 나에게 내주는 내 세상이 넓었으면 좋겠다.

마흔 살은 오래 끓어 걸쭉해지기 시작한 매운탕이다. 바야흐로 인생의 뼛속 진국이 우러나오는 시기다. 마지막 젊음이 펄펄 끓어오르고, 온갖 양념과 채소들의 진수가 고기 맛에 배고 어울리는 먹기 딱 좋은 시절이다. 그러나 아름다운 절정을 살짝 지나치기 시작하는 지점이다.

나는 마흔을 이렇게 직관적으로 표현한 글을 보지 못했다. 마흔을 이토록 진하게 표현하다니. 그러니 마흔을 뜨겁게 보내지 않을 수 있을까. 뜨겁지 않은 마흔을 보내버리면 농익어 상할 일만 남은 늦여름 과일처럼 돼 버릴까 봐. 서른이 청춘과 아쉬운 이별이라면 마흔은 제대로 진한 사랑에 한 번 빠져보는 시기가 아닐까.

얼마 전 〈슬램덩크 더 퍼스트〉가 개봉했다. 1990년대 이노우에 다케히코 감독의 〈슬램덩크〉를 기억할 것이다. 이번엔 강백호와 서태웅이 아닌 송태섭을 주인공으로 재개봉했다. 많은 명대사를 양산했고 그 대사를 아직도 줄줄이 외우고 사는 남자가 우리 집에도 산다. 슬램덩크 굿즈를 사기 위해 백화점 오픈런도 마다치 않고 뛰는 아재들이 낯설지 않다. 국내 방영 오프닝 곡으로 박상민이 부른 OST '너에게로 가는 길'은 지금 들어도 가슴이 끓어오른다. '뜨거운 코트를 가르며 너에게 가고 있어.' 인생의 코트 위에서 이제는 나를 향해 뛰어가고 싶은 마흔이다. 키가 작은 송태섭이 장신(長身)의 상대 수비에 막혀 주저할 때 한나가 외쳤던 "뚫어!!!" 한 마디가 지금 나 자신에게 필요한 조언이다. 나의 영광의 시대는 '지금'이라고 당당하게 말할 수 있다면 내 인생의 코어도 튼튼해져 가는 거겠지.

옷장 정리를 하다 가방을 발견했다. 한때는 내 또래 여자들이 하나씩은 가지고 있었던 명품 가방이지만 이제는 철 지난 가방에 불과하다. 가방 하나에 몇백을 주고 살 만큼 여유가 있었던 것도 아니고 명품에 대해 잘 알지도 못하면서 그저 유행이란 말에 셈 없이 샀던 거다. 리폼하자니 짝퉁(imitation) 같고 버리자니 본전 생각나고 들자니 창피한 그런 애물단지를 가지고 있 다. 유행에는 영혼이 없다. 대중의 기류에 휩쓸린 먼 지 같은 존재가 될 뿐이다. 대부분의 취향이 비슷해서 유행되는 건지 노출에 익숙해져 길드는 건지 혹은 둘 다일 수도.

　유행을 좇지 않기로 했다. 가방이 아까워서가 아니라 내가 보이지 않는 일상을 살지 않기 위해서다. 일상이 삶이고 삶이 곧 나니까. 나는 내 삶을 살아야 하니까. 그래서 다시 애물단지 가방을 들기로 했다. 통가죽으로 되어 있고 색깔도 무난하다. 노트북, 책 두세 권, 파우치, 텀블러까지 죄다 넣을 수 있는 실용적인 가방이라서다. 어차피 버릴까도 생각했던 가방이라 함부로 다뤄도 가격 따위에 개의치 않는다.

　유행을 따르면 순간은 센스있는 사람이 된 착각이든다. 하지만 유행은 짧고 뒷감당은 언제나 내 몫이다. 가방만 유행이 있는 게 아니다. 사상에도 신념에도 유행이 있다. 한때 인문학 열풍이 대한민국을 뒤덮었다. 서점가는 물론 예능 프로그램까지 인문학으로 도배되었다. 마치 모두가 삶을 깊이 고민하기라도 하듯이 말이다. 삶은 유행처럼 드러나지 않지만 언제나 영혼을 담고 있는데.

드라마 〈대행사〉를 인상 깊게 보았다. 임원이 되기 위해 악착에 가깝게 일에 승부를 거는 주인공의 삶의 신조다. 자신만의 정체성이 없으면 위의 세 가지는 불가능하다. 상대를 세우고 나를 낮출 줄 아는 겸손, 때를 기다릴 줄 아는 지혜, 상대를 휘어잡을 수 있는 실력. 중년의 나에게 이 세 가지 중 하나라도 있다면 나는 그에 맞는 삶을 살면 된다. 겸손하지도 않고 지혜도 없으며 실력도 안 된다면 나는 무용(無用)한 존재가 될 것이다.

대중의 함성에 귀를 기울이면 나는 대중 속에 묻힌 불나방이 되고 만다. 하지만 나는 나비가 되고 싶다. 번데기 속에 구겨있던 날개를 활짝 펴고 훨훨 날고 싶다. 지구 한쪽에서 나비의 날갯짓이 반대편 지구에 토네이도를 일으킨다는 말처럼 내 작은 날갯짓에 내 삶은 전혀 새로운 국면을 맞이할 수도 있다.

자신의 한계를 스스로 제한하지 않기로 했다. 이 나

이에 무슨…. 청춘과 작별을 고했다, 젊음의 절정은 지났다, 내내 엄살을 떨었지만 내 나이만 돼도 좋겠다며 부러운 눈길을 보내는 이가 적지 않다. 행복은 성적순이 아니듯이 깊은 인생도 나이순은 아니더라.

확증 편향에 빠지지 말자. 본인은 소통을 굉장히 잘하는 열린 사람인 줄 아는 사람이 많다. 반면 내가 만난 사람 중에는 불통인 상대가 많아서 소통이 잘 되는 건 뭘까 생각해 보았다. 나부터 소통을 잘하는 사람이 되려면 어떻게 해야 하는지 찾아보니 경청(傾聽)하란다. 경청의 경은 비스듬할 경이다. 한쪽으로 머리를 기울이고 있다는 뜻이다. 상대의 이야기에 귀를 기울이면 소통이 잘 된다는 의미다. 경청을 살펴보며 나는 편견(偏見)을 떠올렸다. 편견의 편도 치우칠 편이다. 한쪽으로 치우쳐 본다는 뜻이다. 듣는 건 기울여 듣더라도 치우쳐 보지는 않겠다고 다짐했다. 아무리 객관적 사실이더라도 취하고 싶은 것만 취해서는 결코 객관적인 근거가 될 수 없다.

나이가 들수록 경계해야 하는 것들이 늘어간다. 그

만큼 시간에 무게가 더해지기 때문일 것이다. 같은 경험이 모두 같은 결과를 만드는 건 아니다. 내가 가진 지식과 정보가 전부 참일 리도 없다. 경솔하지 않은 가벼움, 근엄하지 않은 진지함이 적당히 배어있는 중년이 된다는 게 쉬울 리 없지만 끝없는 자기 훈련과 깨어있음으로 내 삶에 어울리는 채색을 하고 싶다.

"죽음이 두렵습니까?"

"외로움만큼은 아니에요."

영화 〈라 비 앙 로즈〉의 한 장면이다. 불우한 환경에서 오직 노래 하나만으로 인생을 견뎠던 가수 에디트 피아프의 삶을 그린 전기영화다. 죽음보다 더 두려운 외로움이라니. 외로움은 인간이라면 누구나 느끼는 보편적 감정이다. 마흔에 관한 글을 쓰면서 가장 무겁게 올라온 단어가 '외로움'이다.

나는 종종 외롭다. 내 외로움은 여러 갈래의 씨실과 날실이 교차한 촘촘한 외로움이라 외로워서 슬프다가도 외로워서 벅차다. 쓸쓸해서 외롭다가도 설레어서 외롭다. 어릴 때부터 그랬다. 대가족이 한 방에 모여 있을 때도, 함성이 터지라 외치며 흰 뿌연 모래바람 일으키던 운동회에서도, 귀에다 대고 소리를 질러야 겨우 대화가 전달되는 바(bar)에서도 문득문득 한없이 혼자만 핀 조명 아래 서 있는 기분이었다. 과거의 외로움은 불편한 감정이었다. 떨쳐버리고 싶고 애써 외면하고 싶은, 외로움을 느낄 때 더욱 군중 속으로 파고들었다. 늘 내 옆을 지키는 누군가가 있지만 외로움은 그 친밀한 사이를 종종 비집고 들어온다. 결혼했다고 외롭지 않지도, 나이가 들었다고 덜 외로운 것도 아니다.

큰아이가 다섯 살인가, 여섯 살 때다. 숙제 같은 게 하고 싶다고 본인도 시켜달란다. 숙제 같은 게 뭘까 물었더니 OO 학습지를 말하는 거였다. 친구들이 유치원에 가져와서 열심히 문제를 푸니 멋있어 보였나

보다. 그 지루한 숙제 같은 거 엄마인 나도 해봐서 아는데 분명 금방 하기 싫어질 걸 알면서도 아이가 원하니 시작했다. 10개월을 했다. 예상보다 긴 시간이었다. 아이가 그만하길 원했다. 그런데 아이가 그만두고 싶은 이유는 지루해서가 아니었다.

"엄마, 나는 숙제는 좋은데 숙제할 때 외로워. 외로움은 그만하고 싶어."

유아기의 아이에게 홀로 책상에 앉아 문제를 푸는 시간은 외로움이었나 보다. 외로움을 그만하고 싶다는 말에 그날로 학습지와 작별했다. 다행이다. 아이가 사람이 아닌 학습지에 외로움을 느껴서. 외로움의 감정이 나쁘지 않다는 걸 안다. 사람은 누구나 혼자고 혼자인 이상 느낄 수밖에 없는 당연한 감정이란 걸. 그래도 아이니까 아직 어린 내 아이는 천천히 알아가길 바랐나 보다. 그때는 나도 어렸으니까.

화장실을 갈 때도 학교에서 집에 갈 때도 가까운 거리를 잠시라도 누군가와 함께여야 편안했던 우리의 어린 시절을 떠올려 보자. 단짝은 물론이고 어울리는 무리가 없다는 건 이방인이라는 낙인과 다름없었다. 자발적 외로움도 타인의 시선에는 경계의 대상이었다. 과거의 외로움이 가슴 한편이 뻥 뚫린 듯한 공허함과 두려움이 토핑처럼 올라와 있던 청춘의 외로움이었다면 마흔의 외로움은 그것과는 다르다. 반갑다. 텅 비어 가득 찬 우주 속에서 비로소 나를 만나는 기분이다. 물론 때때로 공허하지만, 그 공허함이 인생에 대한 자문자답(自問自答)을 재촉한다. 중년의 외로움은 이제야 자신의 시선을 밖에서 안으로 돌려보낸다. 타인을 향한 관심보다 자신에 대한 관찰의 시간을 늘려간다. 관계에 기대기보다 성찰의 시간을 지렛대 삼아 삶의 무게를 들어 올린다.

나부터
살리고
봅시다

　몸으로 배운 건 언제고 몸이 다시 기억해 낸다. 땅 짚고 헤엄치며 그게 수영이라고 자랑하던 꼬마가 정식으로 수영을 배운 건 아홉 살 때였다. 회사 주재원으로 파견 나간 아빠를 따라 일 년 조금 넘게 인도네시아에서 살았다. 수영이라고는 바닷가에서 물장구 몇 번 쳐본 게 다인데 교육과정에 수영이 필수란다. 수영을 못 하는 게 창피했던 나와 동생은, 그러니까 개인 과외를 받았던 셈이다. 대만 국적의 선생님과 한국 국적의 학생 둘이 인도네시아어와 영어를 섞은 알아듣지도 못하는 언어로 용케도 수영을 배웠다. 물이 두렵지 않게 됐으나 수영을 잘한다고는 할 수 없다.

호흡이 힘들어질 때, 그러나 멈추고 싶지 않을 때 몸을 돌려 하늘을 본다. 물에 몸을 맡긴 건 자유형이나 배영이나 같은데 몸을 뒤집어 누우니 힘이 빠진다. 호흡이 제 리듬을 되찾을 즈음 다시 몸을 뒤집고 앞으로 나아간다.

지금까지 잔뜩 힘을 주고 살았다. 잘하고 싶었고 잘해야 했던 무수한 날들이 있었다. 남들에게 인정받기 위해 혹은 스스로 내보이고 싶어 안간힘을 쓴 날도 많았다. 눈을 맞추고 옹알이를 하고 목을 가누고 몸을 뒤집기만 해도 존재 자체가 이유였던 적도 있었는데.

얼마 전 생일이었다. 사십 대 생일은 보통의 날과 다르지 않다. 나이 한 살을 제대로 꽉 채웠구나 확인하는 날이다. 친절하게 생일을 알려주는 메신저에 나는 비공개로 설정했다. 그러니까 내 생일을 축하해 주는 이들은 따로 기억해 둔 사람들이다. 축하해 주는 이들의 마음은 고맙지만, 축하를 받는다고 특별한 하루가 되는 건 아니다. 남편과 둘이서 저녁을 먹었다. 선물도 없었고 축하한다는 말도 없었다. 그냥 밥 한 끼 둘이 먹었다. 고기를 썰어줘야 하는 아이들이 없었고 각자 원하는 굽기 정도와 각자의 속도로 이런저런 얘기를 하며 먹었다. 이거면 된다. 요란할 필요도 거창할 필요도 없다. '나 여기 있구나' 이거면 된다.

한 방송에서 모 연예인이 자신을 사랑하는 방법에 대해 이렇게 말했다. "저를 우습게 생각하는 사람이 많다는 거 알아요. 그런데 저는 남들 시선이 그다지 중요하지 않아요. 그런 사람들의 반응에 신경 쓰기보다 매일 제 일상을 신경 써요. 매일 마시는 컵, 베고 자는 베개, 먹는 음식…. 이런 게 더 중요해요. 매일 내 피부에 닿고 내 손길이 닿는 게 저니까요." 평소 어눌해 보였던 그였지만 인터뷰 장면에서 뿜어져 나오는 그의 자존감에 기가 눌렸다. 일부러 멋지게 보이기 위해 꾸며낸 말이 아님을 느낄 수 있었다. 일상의 곳곳에 자신의 취향과 가치를 담을 수 있는 사람이야말로 자기답게 사는 당당한 사람이다.

현실에서 비껴 있고 싶을 때 나는 읽고 걷고 썼다. 그중 가장 내 숨통을 틔워준 건 '쓰기'였다. 쓴다는 건 자신에 대한 끝없는 탐험이자 확인이다. 쓰기가 수월한 건 아니다. 손가락을 키보드에 올려두고 의식의 흐름대로 썼다 지우기를 반복한다. 쓰기에서 가장 중요한 건 내맡김의 자세다. 의식의 흐름대로, 가공하지 않고 정제하지 않은 내 속의 그것들이 자연스럽게 쏟아질 때까지 기다릴 수밖에 없다. 내맡긴다는 건 있는 그대로를 받아들인다는 의미다. 쏟아내는 그것이 무엇이라도 인정하는 거다. 무기력한 포기가 아니라 적극적인 수용이다. 나답게 살고 싶은 욕망이자 본능이 내 안 깊은 곳에서 피어나 세상과 각을 세운다. 내 인생을 살자. 세상에 맞서 싸우겠다는 게 아니다. 그동안의 삶은 내가 어쩌지 못하는 것들이 내가 어찌할 수 있는 일보다 훨씬 많음을 알게 됐을 뿐이다. 내 삶을 온전히 내가 통제할 수 있다고 믿는 게 어쩌면 교만이고 자해일 수 있음을 깨달았다.

"꺾여야 네가 산다."

종종 엄마가 내게 하는 말이다. 세상 만만하지 않음

을 진즉에 알아채셨을 테니 아등바등 종종거리며 사는 딸을 향한 안쓰러움일까. 세상에 맞서 남은 게 상흔뿐인 자신에 대한 연민일까.

"재미지게 살아. 재미지게. 세월 금방이야."

할머니가 엄마에게 종종 하신 말씀이다. 아흔 가까이 살아보니 인생 재미있게 사는 것만큼 중요한 게 없다고 하셨다. 일찍 남편을 보내고 20년 넘게 홀로 사셨다. 자식들 출가하고 혼자 20년이 넘도록 무슨 낙(樂)으로 지내셨을까. 명절이나 어버이날 밀물처럼 몰려왔다 썰물처럼 빠져가는 자식 손자들은 재미보다 성가심이었을 테다. 엄마가 자주 할머니에게 갔지만 일 년 365일 중 외롭고 쓸쓸한 날이 훨씬 많았을 거다. 할머니에게 재미란 무엇이었을까. 나에게 재미는 무엇일까. 마음 맞는 친구들과 둘러앉아 차 한잔 마시며 낄낄대는 두세 시간이면 충분할 텐데. 인생 힘주고 한껏 진지해도 한바탕 배꼽 잡고 웃다 보면 '그래, 이게 사는 재미지' 할 텐데.

나는 나를 잘 안다고 생각했다. 하지만 잘 몰랐다.

내가 안다고 착각한 내가 스스로 편견에 갇혀 있었을 뿐이다. 배우는 걸 그렇게 좋아하면서 나에 관한 공부는 하지 않았다. 사십 년이 넘도록 나는 하루 단 몇 분조차 나를 생각해 본 적 없었다. 내가 사는 동안 나는 나에 대해 얼마나 알고 갈까. 인간은 자신의 뇌를 10%도 채 쓰지 못하고 죽는다고 한다. 겨우 자신의 뇌 10%를 사용한 사람이 천재 물리학자 아인슈타인이었다고. 자신이 가지고 있는 10%만 활용해도 천재가 된다. 우리는 자신에 대해 얼마나 알고자 할까. 알면 사랑하게 된다는 말의 대상을 타인이 아닌 나로 가져와야겠다.

사소함이

사소하지 않은

이유

10년 전이다. 아이 둘을 깨워 아침 먹이고 옷 입히고 각각 어린이집, 유치원에 데려다주고 퇴근길 다시 아이들을 챙겨 집으로 돌아오면 옷을 갈아입을 새도 없이 주방으로 가 저녁 준비를 했다. 저녁을 먹고 한 사람은 아이들을 씻기고 다른 이는 설거지를 하고 나면 9시가 다 되어간다. 이제야 소파에 좀 앉아 뉴스를 보나 싶겠지만 저녁 9시는 어린 자녀에게 동화책 몇 권 읽어주고 잠자리에 들게 할 시간이다. 아이들을 돌보는 사이사이 거슬리는 혹은 꼭 해야만 하는 집안일도 동시에 해내야 한다. 맞벌이 가정에 꿀맛 같은 주말을 집안일만 하며 보내고 싶지 않다면 말이다.

한 해 두 해 시간이 어떻게 지나가는지 아이들이 커가는 걸로 알아차릴 뿐이다. 가사도우미를 부를 형편도 아니고 내가 없는 시간에 다른 사람이 내 집에 있는 것도 내키지 않는다. 남편과 나는 집에도 '시스템'을 입혀보기로 했다. 일명 'home automation system'이다. 메모지를 가져와 집안일을 하는 데 걸리는 시간을 적었다. 설거지 20분, 청소기 30분, 빨래 널고 개는 데 10분, 다림질 30분. 그 외 가스레인지 후드를 닦는다든가 수저와 컵을 삶는다든가 화초에 물을 준다든가 화장실 청소를 하는 등의 일은 주말에 몰아서 하니 빼기로 했다. 그렇게 자동화할 수 있는 집안일을 엄선했다. 가장 귀찮고 시간도 제법 걸리며 무엇보다 아이들과 눈을 마주쳐야 할 저녁 시간에 매일 하는 '설거지' 문제부터 해결하기로 합의를 봤다.

며칠 뒤 식기세척기가 우리 집에 왔다. 저녁을 먹

고 그릇들을 대충 닦아 식기세척기에 가지런히 정렬한다. 완전히 포개지면 오염 부분이 덜 닦일 수 있으니 물길이 지나다닐 공간을 확보하며 요리조리 잘 엎었다(지금은 오목한 공기보다 식기세척기 사용이 편한 접시를 주로 쓴다). 설거지 그까짓 거 하는 데 얼마나 걸린다고 요란을 떠냐고 할 수 있지만 매일 20분 일주일이면 2시간이 넘고 이게 한 달, 일 년이면 꽤 긴 시간이란 걸 안 이상 그대로 있을 수 없었다. 무엇보다 우리 부부에게는 아이들과 함께 보내는 시간이 절대적으로 중요했다. 아이들이 잠든 후 설거지를 할 수도 있지만 나는 식사 후 바로 설거지를 해야만 마음이 편한 사람이고 잠자리 책을 읽어주다 보면 일어나지 못할 때가 다반사다(나름의 타당한 이유를 쓴다고 쓰다 보니 변명을 길게 늘어놓는 것 같은 느낌은 기분 탓일까).

식기세척기 이후로 우리 집에는 '이모님'이라 불리는 물걸레 로봇청소기도 오셨다. 에어프라이어만큼 호불호가 갈리는 품목이라 잠시 고민했지만, 에어프라이어를 잘 활용하는 우리 집 경험을 믿고 모셨는데

이 또한 탁월한 선택이었다. 출근하면서 이모님께 청소를 부탁하면 깨끗이 닦여진 거실이 퇴근길 우리 식구를 맞아준다. 이때의 대접받는 기분이란 느껴본 사람만 알 수 있다. 그 후로도 나는 집안일의 자동화를 멈추지 않았다. 아들만 둘인 집에서 매 끼니 고기는 선택이 아닌 필수다. 후드는 일주일마다 닦는다지만 아무리 신문지로 방어를 해도 사방으로 튄 기름을 닦는 게 쉽지 않다. 가스레인지를 인덕션으로 바꾼 이유다. 가스의 화력이 때때로 그립지만, 화구(火口) 주변을 닦는 수고로움에 비하면 참을만하다. 건조기, 에어드레서가 후발대로 합류했다. 획기적으로 집안일이 줄어들거나 대단히 많은 시간을 확보한 건 아니지만 아이들과 부대끼며 뉴스를 볼 수 있는 여유가 생겼다. 덕분에 삶의 질이 올라간 건 확실하다. 그러고 보니 우리의 삶이란 참 사소한 것들의 누계가 아닌가. 건조기, 식기세척기는 본 기능에 전혀 차이가 없어도 '자동 문열림' 기능이 있고 없음에 따라 20~30만 원이 오락가락한다. 사소하지만 우리의 수고를 덜어주는 부가 기능에 몇십만 원의 값을 치르는 이유를 이미 알아챘다면 당신은 삶의 사소함을(만족이든 불만족이든) 절대 내버려두지 않는 사람일 것이다. 명품은 디테일의 차이라고 했던가. 삶에도 디테일이 중요하다. 아주 사소한 작은 차이가 빚어낸 삶의 결과는 전혀 작지 않다.

　하고 싶은 일만 하며 살 수 없다는 걸 안다. 그래서 하기 싫은 일도 해야 하는 게 당연하다고 여겼다. 그러나 하고 싶지 않은 일을 하지 않을 방법이 있다면 굳이 그 일을 내가 해야 할까? 잘하지 못하는 일이나 하기 싫은 일은 잘할 수 있는 사람(시스템)에게 맡겨보는 거다. 요리는 좋으나 설거지가 싫다면 나처럼 식기세척기의 도움을 받을 수 있고, 집밥은 좋지만 요리는 싫다면 반찬 구독 서비스를 이용한다. 번번이 반복되는 사소한 불편이나 불만이 아주 사소해 언급하기조차 민망하더라도 그것이 문제인 이상 그냥 봐줄 수는 없다는 게 마흔을 지나며 하게 된 '사소한 결심'이다.

첫 단추를
잘못
끼웠다

    단추를 끼울 수 있다는 건 발달 과정에 있어 꽤 중요한 의미가 있다. 대개 만 3세 전후 아이들은 스스로 단추를 끼울 수 있다. 양손 엄지와 검지에 잔뜩 힘을 주고 비좁은 틈새 사이로 단추를 밀어 넣는다. 밀어 넣은 쪽 반대편으로 손가락을 이동해 비집고 나온 단추의 한쪽 끝을 잡아당긴다. 밀고 당기는 양손의 협업이 정확한 타이밍을 맞출 때 비로소 단추가 끼워진다. 어린아이가 아니라도 작은 구멍에 단추를 끼우는 건 품이 좀 들어간다. 기껏 끼운 첫 단추가 제 짝꿍을 잘

못 찾았다면 두 번째, 세 번째 단추까지 줄줄이 풀어내 다시 끼워야 한다. 그래서 첫 단추가 중요하다. 뒤따르는 녀석들의 길이 되니까.

직장생활 20년 차, 나는 제복을 입는다. 단 한번도 생각해 본 적 없는 직업군이다. 상관없다. 나는 어떤 직업을 가졌어도 열심히 했을 테니까. 천성이 그렇다. 맡겨진 일, 해야 하는 일은 반드시 한다. 그렇다고 시키는 일만 하는 사람도 못 된다. 새로운 일을 도모하고 시도해보는 걸 좋아한다. 나는 그런 일을 해야 했다.

객체가 모여 집단이 되고 그 집단이 다시 하나의 객체가 된다. 객체의 성격을 띤 하나의 조직은 각자 고유한 유무형의 특성을 가진다. 어느 집이든 들어서면 코끝에 걸리는 그 집만의 냄새가 있다. 그 집 사람들이 가진 공통의 습관이나 버릇도 있다. 조직도 그렇다. 유니폼을 입는 조직은 규모와 상관없이 더 뚜렷한 특징을 나타낸다. 바다와 함정이라는 제한된 공간이 주는 폐쇄성과 그로 인해 파생되는 여러 특수성이 우리 조직에 있다. 조직 내 소수(minority) 집단에 속하는 나는(학부에서 중국어를 전공하고 2004년 중국어 경력채용자로 임용됐다) 어쩔 수 없는 이질감을 느낀다. 이 이질감은 20년이 지나도 여전히 스스로 이방인으로 간주하게 한다. 특수 직군에 속하는 직업인이라 이방인의 느낌을 안팎으로 더 자주 느끼는지도. 제복을 입으면 '나'라는 사람은 사라진다. 제복을 입히는 이유가 그러하겠지만 적어도 제복을 입고 있는 동안에는 제복에 기대하는 타인의 시선에 나를 맞출 수밖에 없다. 그래서 유니폼을 입는 직업을 가진 이들은 시시때때로 가면을 쓰며 살아가야 할 운명인지도 모른다. 제복이 주는 무게감과 진정한 자기 모습을 감춰야 하는 부담감이 시간의 무게를 더해 점점 더 나를 옥죄어 온다.

첫 근무지가 여객선검문소였다. 그때는 해양경찰이 여객선 안전 관리를 하던 때다. 내가 근무하던 인천지역에는 서해 5도라 불리는 접전 지역 섬에 통항하는 여객선과 이용객이 많다. 섬 주민뿐만 아니라 도서 지역에 근무하는 군인과 주말이나 행락철 여행객

들까지 꽤 많은 이들이 새벽부터 오후 늦게까지 터미널을 오간다. 양손과 머리에 짐을 이고 지고 가는 할머니 할아버지를 도와드리면 "아이고 아가씨가 순사네." 신기하게 쳐다보면서도 내심 좋아하셨다. 수배자를 검거하고 순찰하고 이런저런 대민 활동을 하면서 몸은 고단했지만 보람이 느껴졌다. 내 일의 존재 이유를 온몸으로 느낄 수 있는 시기였다.

사회생활을 하면서 받는 스트레스는 너나 할 것 없다. 업무로 인한 스트레스는 물론 사람에게 받는 스트레스도 어제오늘 일은 아니다. 대학을 졸업하고 갓 직장에 들어왔던 20대에도 스트레스는 있었고, 30대에도 있었다. 언제 그 강도가 가장 셌는지는 구분할 수 없다. 내성이 생길 만도, 어제오늘 일도 아닌데 오히려 마흔을 훌쩍 넘긴 40대에 견딜 수 없이 힘든 이유를 나는 오랫동안 생각했다.

'너 자신을 알라'는 흔하디흔한 말이 앞으로 살아가야 할 삶의 방향을 결정하는 핵심 열쇠였다는 걸 미처 알지 못했다. 얼마 전 아이와 함께 TCI(기질·성격) 검사를 받았다. 기질은 타고난 성향이며 성격은 후천적으로 형성된 특성을 의미한다. 나의 기질은 '반항적'이며, 성격은 '논리적'이란다. 두 대표 단어를 보고 나를 직접 겪어보지 않은 독자 여러분도 내가 어떤 성향의 사람인지 짐작할 수 있을 것이다(그렇다고 한없이 차가운 사람이라고 오해하지 않았으면 좋겠다). 기질과 성격의 세부 지표를 보고 크게 깨달았다. '아이고, 첫 단추를 잘못 끼웠다.'

나는 위험회피(HA) 척도가 대단히 낮으며(백분위 3), 자율성(SD)은 대단히 높다(96). 좀 더 쉽게 풀어 설명하면 이렇다. '나라는 사람은 세상일을 어렵게 보지 않고, 다른 사람들의 요구에 동요되어 자신의 계획을 변경하는 일이 드문 사람이다. 다른 사람과 의견 충돌이 있을 때는 솔직하고 직설적인 태도를 보이기에 다소 강하고 거칠게 보일 수 있다. 또한 자발적으로 자신의 목표를 설정하고 이를 일관되게 추진한다. 합리성과 효율성을 중시하며 자기 조절과 절제가 잘 이루어지는 편이다. 매사를 자신이 통제하려는 경향이 강해서 불확실한 결과까지도 통제하기 위해 애쓴다.' 이 설명을 토대로 해석하자면, 내가 '짱'이 아닌 이상 유니폼을 입는 직업이 맞기 힘든 사람인 거다. 어쩐지 나는 용의 꼬리보다 뱀의 머리가 되고 싶더라니.

하지만 천성이 성실하고 책임감이 강한 사람이다. 올봄 남편이 《해양경찰이라서 다행이다》 책을 출간했다. 나와는 달리 자신의 직업을 매우 사랑하는 그다. 덕분에 부부 경찰, 부부 작가로 국가보훈부에서 촬영요청이 들어왔다. 1분 분량의 짧은 영상을 위한 촬영이었는데 제복을 입을 때의 감정을 묻는 물음에 1초의 망설임도 없이 이렇게 대답했다. "국민에게 무언가 도움이 되는 사람이 되고 싶다는 무게감을 크게 느낀다." 진심이다. 나는 내 직장은 좋아하지 않지만, 제복을 입는 사람의 일이 얼마나 숭고하고 가치 있는 일인 줄 안다. 제복을 입는 자체가 행복하진 않지만, 제복을 입고 있는 동안 내가 해야 할 일이 무엇인지 안다. 하지만 아는 것과 사랑하는 건 또 다른 문제다

(@bohun_story 우리 부부의 영상은 23년 8월 기준 1.1만 뷰를 기록했다).

'일이 힘든가, 사람이 힘들지.' 사회생활을 하다 보면 본연의 일보다 일과 관련된 사람으로 인해 힘든 경우가 훨씬 많다. 힘들다고 말하는 이에게 욕먹으라고 받는 게 월급이라고. 돈도 받으면서 즐겁기까지 하겠다는 건 욕심이라며 핀잔을 주는 이를 만난 적이 있다. 절이 싫으면 중이 떠나라는 말처럼 약자를 배려하지 않은 폭력에 가까운 말이다. 밥벌이가 언제나 즐거울 수는 없지만 일이 꼭 괴로워야 할까. 직장이 즐거운 곳이면 안 되는 걸까.

직장이 즐거운 곳이 되려면 그곳에서의 기억이 좋아야 한다. 보고서를 통과시키고 프로젝트를 잘 마무리하는 등 내 역할을 누군가 특히 상사가 인정해 줄 때 좋은 기억을 가질 수 있다. 사람은 누구나 인정받길 원한다. 경험한 인정의 빈도만큼 자신감도 자기효능감도 높아진다. 그 힘으로 우리는 쳇바퀴 도는 직장인의 삶을 연명한다. 돌이 되도록 걷지 않던 둘째 아이가 돌을 하루 앞둔 날 저녁 첫발을 뗐다. 아이를 세워놨더니 잠시 주저하다 한 발을 조심히 뗐다. 앞에는 이모가 두 팔을 벌리고 기다리고 뒤에는 엄마인 내가 지켜보고 있었다. 한 발을 뗀 아이가 다른 발을 떼며 한 걸음 걸었다. 가족 모두가 기대하는 눈빛으로 바라보고 아이는 마저 한 발을 더 떼며 첫걸음마를 성공시켰다. 마지막 한 발을 떼고 주저앉던 아이가 고개를 돌려 나를 본다. "엄마, 봤지? 나 돌 전에 걸었어!" 딱이 눈빛이었다. 우리는 환호했고 아이를 번쩍 안아 올리며 무척 장한 일을 네가 해냈다고 말해 주었다. 그때 알았다. 인정을 갈구하는 건 인간의 본능이란 걸.

성인은 걸음마를 하고 젓가락질을 하고 가위질을 하는 걸로 인정받을 수 있는 시기는 아니다. 똥만 잘싸도 사랑받던 시기는 지났다. 어른이란 조금 더 복잡해서 조금 더 어려운 일들을 해내야 하나 보다. 특히 직장은 그런 곳이다. 타인의 인정은 곧 자존감으로 연결된다. 자존심은 버려진 지 오래다. 그런데 생의 전환기를 맞은 마흔의 나이가 자존심도 버리고 버티는 나의 직장생활을 흔든다. 지금보다 수입이 줄어도 노동의 시간이 늘어도 이제는 내가 하고 싶은 일을 하며 살고 싶다는 욕망이 목젖까지 와 대기 중이다. 지금까지 근면 성실함으로 인내한 내 직장생활에 위기가 닥칠지 기회가 생길지 갈림길에 섰다. 마흔의 나이에 '일'은 밥벌이만으로 설명할 수 없는, 또 하나의 자기라서. 이제 막 자신을 이해하기 시작한 중년에게 일이란 삶에 얼마나 많은 의미를 담고 있는지.

애매한 시기에 육아휴직을 했다. 둘째가 아주 어린 것도 아니고 초등학교에 입학하는 것도 아닌 일곱 살 그해 말이다. 둘째가 초등학교에 입학하는 일 년 뒤 휴직하는 게 여러모로 합리적 선택이었지만 사실 나는 육아(育兒)휴직이 아닌 '육아(育我)휴직'을 한 거다. 직장 생활 16년 동안 두 번의 출산휴가를 제외하면 쉼 없이 달려온 셈이니 이유가 육아(育兒)이건 육아(育我) 이건 상관없었다. 아이 볼래? 밭맬래? 물으면 밭맨다 는 어른들의 우려도 있지만 일곱 살 말귀 다 알아듣는 아이를 돌보는 일쯤이야 그리 어렵지 않을 거라 자신했다. 공교롭게도 휴직을 한 해 코로나가 창궐했다. 무엇이든 할 수 있었지만, 아무것도 할 수 없었다.

네 살 터울의 형제를 종일 돌보는 일은 힘들다기보다 생경했다. 주말이 아닌 평일 친정엄마도 남편도 없이 홀로 아이들을 돌본 적은 없었다. 셧다운된 세상도 낯설었고 우리 집 풍경도 어색했다. 휴직하고 얼마간은 평소 워킹맘이 누릴 수 없는 호사를 누렸다. 아이들을 서둘러 깨우지 않았고 따뜻한 간식을 만들어 먹이고 브런치 카페도 갔다. 아이와 영화도 보고 도서관도 가고 낮잠도 잤다. 기일이 정해진 보고서를 만들 필요도 없고, 언제 무슨 지시가 내려올지 몰라 긴장하지 않아도 됐다. 내 생활반경 안에서 일어나는 모든 일은 내 예상대로 흘러갔다. 얼마든지 계획할 수 있고 통제 가능한 일상이 내게 주는 안정감은 학교를 졸업하고 참으로 오랜만에 마주한 내 세상이었다.

아무리 가족이라도 24시간을 한 공간에서 부대껴

본 적이 있었을까. 주말에도 몇 시간은 따로 시간을 보내는 우리 가족이다. '따같(따로 같이)'이 우리 식구들이 지향하는 이상적인 가족의 모습이다. 가장 가깝고 잘 안다고 생각한 가족도 실은 잘 알지 못하거나 잘못 알고 있는 경우가 의외로 많았다. 그동안 시간에 쫓겨 간과한 각자의 모습들이 보이기 시작했다. 그것은 남편이나 아이들만이 아니었다. 왁자지껄 여럿이 어울리는 걸 좋아하는 줄 알았는데 나는 조용히 혼자 책을 읽거나 글을 쓸 때 한없이 행복했다. 효율과 가성비가 중요한 사람인데 몇 시간씩 부엌에서 음식을 만들어 지인들에게 나누어줄 때 큰 행복감을 느끼는 나를 발견했다. 나조차도 '나는 이런 사람이다'라고 스스로 규정한 정의들에 균열이 가기 시작했다. 나를 잘 알지 못한다는 사실을 그제야 알아차렸다.

아닌 척했지만, 타인의 시선과 평가에 나도 모르게 길들어 왔다. 어쩌면 내가 나라고 믿었던 모습마저도 누군가의 평가에 잠식된, 나도 모르게 의도한 모습일 수 있단 생각이 들었다. 마흔을 목전에 둔 어느 날, 정말 불현듯 '이렇게 사는 게 맞나?', '나답게 살고 싶다'라는 생각이 보통의 일상에 훅 파고들었다. 부속품처럼 쓰이는 듯한 내 삶이 안타까워 견딜 수 없었다. 더 안타까운 건 어떤 게 나다운 모습인지 나 자신도 알지 못한다는 사실의 발견이었다. 삶의 의미를 꼭 찾아야 하냐고 반문하는 사람도 있다. 삶을 선택한 이가 없듯 삶은 그 자체로 의미인 거라고 말이다. 그러나 나는 삶의 의미를 찾지 않고는 살아갈 수 없었다. 또 틀렸을지 모르지만 그게 내가 규정한 '나'라는 사람이었다.

아이들은 어른의 눈으로 보면 한없이 미약한 존재다. 보호해야 할 것 같고 가르쳐줘야 할 것 같다. 하지만 아이를 키우면 알게 된다. 아이에게 부모가 더 많이 배우고 더 깊이 위로받는다는 걸. 부모인 우리가 사랑으로 아이를 키운다고 생각하지만, 오히려 아이가 사랑으로 부모라는 미완성의 어른을 성숙한 어른으로 만들어 준다. 함께 길을 걷다 아이가 무심코 툭 내뱉는 말 한마디에 내가 어떤 사람인지 되돌아본다. 공원 나무에 핀 버섯을 보고 먹어도 되냐고 묻는 아이에게 예쁜 건 독이 있으니 조심해야 한다고 말하자, 아이가 나를 보며 "그럼 엄마도 독이 있겠네?" 한다. 해맑은 아이의 눈과 마주치는 순간 두 가지 생각이 스쳐 간다. 내가 이쁘다는 건가? 성질이 사나우니 조심해야겠다는 건가?

아이들과 부대끼며 3년을 보냈다. 코로나라는 악조건 속에서도 우리는 나름 즐거웠다. 어쩌면 코로나 덕분에 안으로 수렴할 수 있었는지 모른다. 내가 몰랐던 아이들의 모습을 보며 생각이 많아진 것처럼 아이들도 엄마에 대해 그리고 가족에 대해 조금은 더 깊이 느끼게 되었을 거다. 아이는 내가 돌봐주어야 하는 대상이 아니었다. 아이들은 기대 이상으로 현명하고 단단했다. 그래서 이제부터는 아이에게 쏟는 정성과 기대를 나에게 옮겨오기로 했다.

내 취미 중 하나가 드라마 몰아보기다. 이따금 금요일 저녁부터 시작해 토요일 새벽까지 드라마 한 편을 정주행하곤 한다. 학창 시절 나는 드라마 마니아였다.

직장인이 되고는 드라마와 멀어졌지만 20년 만에 드라마는 나에게 인생의 선생이자 글감의 보고로 돌아왔다. 시놉시스를 살펴보며 끌리는 드라마 한 편 정하고 나면 본격적인 몰아보기가 시작된다. 소파에 자리를 잡고 오른손에 리모컨을 쥐면 8시간은 혼자만의 여행을 떠나는 거다. 얼마 전 종영한 드라마 〈종이달〉의 여주인공 이화가 '킨츠기'에 대해 한 대사가 인상 깊었다. 킨츠기는 깨진 그릇의 틈새를 옻으로 메우고 잘 다듬어 수리하는 일종의 공예기법이다. 손상된 부분을 잘 정돈하되 숨기지 않고 오히려 그 흠집을 드러내 불완전함의 미학을 실현하는 데 의의가 있다.

"깨진 균열 사이를 빛으로 채울 수도 있는데…."

미학이 돋보이는 킨츠기 작품을 보며 이화가 혼잣말하듯 아쉽게 흘린 한마디였다. 깨지면 버리거나 작업을 통해 재탄생시키는 게 아니라 깨진 그대로를 수용하는 거다. 온전한 그릇에는 담을 수 없는 빛을 깨진 그릇의 균열 사이에 담아낼 수 있다니. 엎어진 김

에 쉬어가는 내 상황과 오버랩되는 대사였다. 육아(育
兒)휴직이든 육아(育我)휴직이든 어쨌거나 우리는 서로
를 키웠다.

마음을
고쳐먹기로
했다

운 좋게도 코로나가 창궐하기 바로 직전 하와이로 가족여행을 다녀왔다. 하와이는 아무 데나 놓고 카메라 셔터를 눌러도 그림이 될 만큼 아름다운 자연풍경을 가지고 있었다. 특히 우리에게 친숙한 영화 〈쥐라기 공원〉의 배경이 된 카우아이섬은 그 절경이 너무나 웅장하고 빼어나서 지금이라도 곧 공룡이 출몰할 것 같은 착각이 들 정도였다. 지금은 이렇게 아름답고 환상적인 섬이지만 1950년대만 해도 섬 주민 대다수가 범죄자나 알코올 중독자 혹은 정신질환자였다.

1955년 미국 소아·청소년과·정신과 의사, 사회복지사, 심리학자가 이 섬에서 출생한 신생아 833명이 18세가 될 때까지 추적하는 종단연구를 시작했다. 약 40년간 이 연구 분석을 주도한 심리학자 에미 워너는 뜻밖의 사실을 발견했다. 833명 중에서도 특히나 열악한 고위험 환경에서 자란 201명 중 72명은 출생환경과 상관없이 더없이 훌륭하게 성장했다는 사실이다. 72명을 역추적해 보니 그들에게는 어떤 상황에서도 그들을 믿고 지지해 준 '한 사람'이 있었다.

사랑을 많이 받고 자란 사람은 당당하다. 표정이 여유롭고 매사에 긍정적이다. 반면 사랑이 결핍된 사람은 의심이 많고 부정적이다. 어딘지 모르게 공격적이고 어두운 느낌이 있다. 왜 안 그렇겠나. 사랑은 인정인데. 그대가 어떤 사람이어도 나는 당신을 포용한다는 믿음인데.

우리의 에고(자아)는 바람이 새는 풍선과 같아, 늘 외부의 사랑이라는 헬륨을 집어넣어 주어야 하고, 무시라는 아주 작은 바늘에 취약하기 짝이 없다.

- 알랭 드 보통, 《불안》

흔히 이야기하는 자존감 높은 사람도 원래부터 자기애가 강한 게 아니다. 자기에 대한 평가는 타인의 평가에 따라 달라질 수 있다. 나라는 사람 안에는 다양한 모습이 있다. 유능한 모습, 좀 바보 같은 모습, 장난기 많은 모습, 꽤 진지한 모습. 타인으로부터 주로 인식되는 모습에 따라 자신을 바라보는 시선이 결정된다. 똑똑하다고 자주 인정받았다면 똑똑한 사람이라고 스스로 평가한다. 반대로 무시당하는 일이 많으면 자기 안에 숨겨져 있던 부정적 평가가 모습을 드러낸다. 아무리 자기애가 강한 사람도 주변 사람들이 너는 무능하고 사랑받을 자격이 없다고 계속해서 말한다면 언젠가는 스스로 그런 사람이 되어 있을 것이다.

한 인간의 육체를 지탱하는 게 밥이라면 정신을 북돋우는 건 인정이라는 말을 어느 책에서 읽었다. 그런 면에서 나는 운이 좋은 사람이다. 어떤 상황에서도 나를 믿고 지지해 준 부모, 형제가 있었으니 말이다. 부모님은 언제나 내 능력 이상을 믿어주고, 설사 기대에 미치지 못하더라도 괜찮다고 말해 주셨다. 그런 부모를 만난 덕에 나는 내가 퍽 잘난 줄 알고 살았다. 가족만이 아니다. 학교를 졸업할 때까지 만난 은사님들과 친구들, 직장에서 만난 동료들, 각종 모임에서 만난 사람들 그리고 다 기억하지는 못하지만 스쳐 지나간 많은 인연. 꽤 괜찮은 인연 속에 충분한 사랑을 느끼며 살아왔다고 자부한다. 나를 믿고 지지해 줄 단 한 사람만 있어도 삶의 역경을 극복할 수 있다는데 그간 맺은 인연의 수를 헤아리면 나는 천군만마를 둔 셈이다.

물론 나를 힘들게 하는 사람들도 있었다. 살다 보면 나를 인정해 주고 아끼는 사람들과는 달리 무시하고 함부로 대하는 사람도 만나기 마련이다. 치 떨리게 싫은 사람과 한 공간 속에 머무를 수밖에 없을 때, 이제껏 경험해 보지 않은 수모를 당할 때의 수치심은 작은 바늘이 아니라 대못이 되어 내 자존감 풍선을 찔러댔다. 참아내는 거 말고는 당장 할 수 있는 게 없는 현실에서 무너지는 나를 그대로 방치할 수밖에 없을 때도 있었다. 그럴 땐 자신이 매우 초라하게 느껴졌고 무기력함의 끝을 찾기라도 하듯 한없이 바닥으로 가라앉기도 했다.

좋은 인연은 좋은 대로, 그렇지 못한 인연은 또 그렇지 못한 이유로 지금의 나에게 크고 작은 영향을 주었다. 어쩌면 사랑을 받을 때는 알지 못했던 인간의 본성과 세상 이치를 미움과 갈등 속에서 배웠는지 모른다. 그래서일까. 시간이 지날수록 사람이 어렵다. 어디까지 나를 드러내 보여야 할지, 어느 선까지 상대를 받아들여야 할지 망설여진다. 진실하게 사는 게 참이라고 여겼지만 솔직함이 반드시 선한 결과만을 가져오지 않는다는 것도 경험으로 배웠다.

언제부터인가 사람들과 어울리는 게 피곤하게 느껴진다. 사람이 싫은 건 아닌데 약속이 생기면 미리부러 스트레스를 받는다. 누군가와 함께 시간을 보낸다는 건 적지 않은 민감함이 필요한 일이다. 며칠 전 신문에서 한 스님의 인터뷰 글을 읽었다. "바람이 지나갈 수 있도록 마음의 거름망을 성글게 살아야 합니다. 마음의 거름망을 촘촘하게 하면 쓸데없이 많은 게 걸립니다. 사람들 표정도 걸리고 눈빛도 걸리고 하죠. 그러면 행복할 수 없어요." 내가 그랬다. 사람들 표정도 걸리고 눈빛도 걸리고 말투도 걸리고. 그냥 그대로 받아들이면 되는데 저 사람은 왜 저렇게 말하는지 해석을 덧붙인다. 그런가 보다, 그럴 수도 있지가 잘 되지 않는다. 그 많은 사람에게 받은 사랑과 인정은 다 어디로 갔는지 겨우 바늘 하나에 불과한 상대에게 휘청거린다.

한번은 운전하고 가는데 방향지시등도 없이 차선을 변경해 끼어든 차가 있었다. 사고가 날 만큼 위험하진 않았지만, 운전자로서 기본을 지키지 않은 처사였다. "차선을 변경할 때 깜빡이는 기본 아닌가? 왜 저러는 거야?" 상대에게 들리지도 않을 역정을 내며 혼자 씩씩대는데 뒷좌석에 앉아있던 아이가 남편과 눈빛을 교환한다. 운전대만 잡으면 매우 엄격한 잣대를 세우는 내 모습을 종종 보던 아인지라 나름 그런 상황이 불편했나 보다. "왜?" 하고 톡 쏘아 묻자, 아이가 낮은 톤으로 한마디 한다. "이게 그렇게 화낼 일인가 생각해 보고 있었어요." 나의 예민함이 스스로뿐만 아니라 가까운 이들까지도 피곤하게 한다. 무엇이 나를 이토록 예민하게 만드는 걸까. 생각하기에 따라 큰일도 별일 아닌 게 되고 별일도 큰일이 되는데.

살다 보면 앞뒤 좌우가 꽉 막혀 조금도 나아갈 수 없을 때가 있다. 몇 날 며칠을 고민해도 해결 방도가 떠오르지 않을 때의 막막함이란. 그러던 어느 날 생각의 스위치를 의도적으로 전환해보았다. '해결 안 될 일은 없다. 나는 소중한 존재이다.' 정말 찰나의 결심이었다. 생각을 고쳐먹자 마음이 편안해졌다. 상황도 상대도 바뀐 게 전혀 없는데 촘촘한 마음에 바람길이 생겼다. 재미있고 신기한 경험이었다. 한편으로 이렇게 쉬운 일을 그동안 그렇게 힘들어했던 건가, 허탈하기도 했다.

나에게 있어 가장 소중한 건 내 자신이다. 상황이든 상대든 얼마든지 나를 찔러댈 수 있지만, 그저 지나가는 바람에 불과할 뿐이다. 지금까지 나를 지켜준 힘도, 지켜갈 힘도 나를 인정해 주고 아껴주는 사랑의 힘에서 나올 테니 예민해졌다고 느낄 땐 바람 소리, 새소리 그리고 파란 하늘에 기대어 사랑의 헬륨을 조금 더 불어 넣어야겠다. 나를 지키며 사는 게 쉽지는 않지만, 또 아주 그렇게 어려운 일도 아니니까. 마흔쯤 되어야 이런 마음도 생기는 걸 보니 나이를 먹는 게 나쁘지만은 않다.

2장

마 흔 읽 기

마흔이 되니 바꿔야 하는 게 많아졌다. 우선 시력이 현저히 떨어져 글씨
가 잘 보이지 않는다. 많이 읽을 수 없게 됐다. 마흔이 되니 엄마가 돼 있
었다. 어른 책만큼 어린이 책도 많이 읽는다. 그러다 알게 됐다. 그림책은 어
른들이 읽어야 할 책이란 걸. 마흔이 되니 소설이 내 일 같다. 소설 속 진국이
우러 나오는 문장에 헤어나오기 힘들다.

삶의 변곡점마다 느끼는 감정의 변화가 작지 않다. 특히 마흔은 진정한 어른으로서 첫발을 내딛는 시기라 그런지 그저 열심히만 살아오던 시간을 뒤돌아보고 이제는 '어떻게' 살아야 할지 내가 누군지 치열하게 묻게 되는 것 같다.

'신은 죽었다.' 니체의 유명한 아포리즘(aphorism)이다. 니체가 말한 신은 인간이 지금까지 추종했던 대상이자 앞으로도 의지해 살아갈 대상이다. 욕망을 강력하게 표출하는 인간상을 주장한 니체의 철학에 이제야 자신의 욕망에 귀를 기울여보는 중년의 철학이 닿아서일까. 그의 철학은 마흔이 되어서야 가슴을 뛰게 만든다. 니체만큼 자신을 성찰하도록 독려하는 철학자가 있을까 싶을 정도로 그는 자기 자신을 사랑하라 말한다.

마흔은 이제부터는 나답게 살아보고 싶은 마음이 굴뚝같이 드는 나이다. 나답게는 지금까지와는 전혀 다른 삶일 수도 있지만, 그럼에도 불구하고 '용기'를 내고 싶은 나이다. 니체의 위험하게 살라는 말은 곧 나답게 살라는 의미가 아닐까. 설사 모든 게 완벽해 보이는 안정된 삶일지라도 자기가 없다면 벗어날 줄 아는 용기가 필요한 삶. 나는 이런 용기가 자기애에서 나온다고 믿는다.

"춤추는 별 하나를 탄생시키기 위해 사람은 자신 속에 혼돈(chaos)을 지니고 있어야 한다."

세월을 통해 직관적으로 깨닫게 되는 사실들이 있다. 심장이 머리의 주인이 되어야 한다는 니체의 말처럼, 삶을 주사위 놀이에 비유하듯 우리의 삶은 이성으로만 설명할 수 없다는 거다. 중년은 가장 안정적인 시기이다. 무언가를 꿈꾸지 않아도 지금 이 상태를 유지할 수 있다. 그래서 대부분 꿈꾸지 않는 쪽을 선택한다. 하지만 어떤 이는 중년의 나이에 이전과는 다른 세상을 원하고 그 세상으로 나아가기 위해 제2의 인생을 살기로 한다. 비루한 일상이 아니라 매 순간 살아있음을 온몸으로 느끼며 스스로 가치를 확인하는 삶, 니체의 말처럼 자신의 오두막에 불을 지른다.

니체는 인간의 정신적 변화를 낙타, 사자, 아이에 비유했다. 낙타는 무거운 짐을 지고 사는 버티는 삶을, 사자는 자유를 향하는 주인의 삶을, 아이는 순수한 창조적 삶을 의미한다. 창조적인 사람이 되려면 끊임없이 기존의 것들을 파괴해야 한다. 습관, 규율, 규범과 같이 내가 정하지 않은 세상의 시선과 기준을. 자유 정신을 추구하는 니체가 지향한 최고의 인간 유형은 '초인(超人)'이다. 가장 긴 사다리를 갖고 있어 심연까지 내려갈 수 있는 그런 영혼을 소유한 인간.

 "무엇이 나의 영혼을 끌어당기는가?" 마흔의 나에게 종종 묻는 말이다. 니체는 19세기 말 사람이다. 그런데도 21세기를 사는 우리는 여전히 그의 철학을 수용하고 심지어 이렇게 가슴 뛰게 자극받는 건 결국 '진짜 나'에 방점을 찍은 인생의 좌표를 보여주기 때문이 아닐까. 니체는 병약했다. 그래서 온몸으로 삶을 사유할 수 있었는지 모른다. 또 그러기에 유약한 보통의 우리가 그의 철학에 동화되는지도.

 여든이 넘은 할머니가 수능시험에 도전했다는 기사를 읽었다. 딸과 함께 대학에 입학했다는 아주머니 소식도 들린다. 쉰이 넘어 발레리나가 되었다는 책도 보았다. 뜨겁게 나를 사랑하고 즐겁게 자신의 인생을 살아가는 많은 이가 있다. 누가 시켜서 하는 일이 아니다. 더 늦기 전에 내 안에 잠자고 있는 나를 깨우고 싶어서일 거다. 이미 나의 자아는 계속 신호를 보내고 있는지도 모른다.

　니체는 이성보다 욕망을 중요하게 생각했다. 자신의 감각에 집중하고 자신의 욕구나 욕망을 통해 진정으로 원하는 게 무엇인지 알아야 한다고 주장했다. 중년 대부분은 자신의 욕망은 누른 채 가족을 포함한 타인의 욕망에 따라 산다. 그러다가도 불쑥 욕망이 현실을 타격할 때, 그래서 위로가 필요할 때조차 정면 돌파보다는 회피를 택한다. 그럴 수밖에. 체력은 예전만 못하고 짊어진 삶의 무게는 가볍지 않다. 나는 다를 거라 여겼던 것들이 나도 다르지 않음을 확인할 뿐이다. 자신의 존재는 한없이 작아지고 자신감은 점점 떨어진다. 하지만 《즐거운 학문》에서 니체는 "역풍을 만난 이후로 어떤 바람이 불어도 항해할 수 있게 되었다"라고 말했다. 인생을 흔히들 등산, 항해, 마라톤에 비유한다. 오르고 내리고 몰아치다 잠잠하고 더는 못 뛸 것 같지만 그 한계를 스스로 허물어트리고 나아가는 게 인간이고 우리네 삶이다. 요동치는 인생의 파고를 나는 어떤 마음으로 마주해야 할까. 유연한 삶의 리듬이 간절하다.

40대에 이르러서 방황하는 이들을 많이 만났다. 어째서 '마흔'은 삶의 변곡점이 될까? 무조건 달려야 했던 20·30대, 이제는 무언가를 도전하기엔 다소 늦었다고 생각하는 50대, 그 사이를 사는 시기가 40대여서일까. 《인간적인 너무나 인간적인 II》에서 "삶의 진정한 단계는 지배적인 사상이나 감정이 상승하고 하강하는 사이의 중간에서 잠시 정지하는 시간이다"라고 말했다. 바로 이 순간 다시 한번 충족이 나타난다고. 그러니 마흔은 비로소 자신의 삶을 되찾을 절호의 기회인지도. 진정한 자기 인생의 속도, 방향을 결정하고 다시 시작하는 시기. 타인과의 비교에서 오는 조바심과 경쟁심을 내려놓고 진짜 자기가 누구인지 집중해야 하는 시기.

건너뛰어도
된다

　이제는 부정도 회피도 할 수 없는 완연한 사십 대
다. 그래서인지 '40' 자만 보이면 절로 눈길이 멈춘다.
신문을 읽다 재미있는 머리기사를 봤다. '2023년은
4050 책의 해'. 올해만큼은 4050 세대가 책을 읽어야
한다는 의미인지 아니면 다른 어떤 뜻이 있는지 모르
겠으나 굳이 '4050' 세대를 독서에 끌어들인 이유가
궁금했다.

　글쓴이는 중년이 사회를 이끌기에 지성과 감성의
공급이 어느 때보다 절실하다는 이유를 붙이면서도

한국에서 40대는 책 읽기를 멈추는 시기라고 결론지었다. 문화체육관광부에서 실시한 '2021년 국민독서실태조사'에 따르면, 우리나라 40대 평균 독서율은 49.9%, 50대는 35.7%에 불과하다. 미국 40대 독서율 77%, 50대 독서율 71%에 비하면 매우 낮은 수준이다. 독서율이 떨어지면 문해력도 떨어진다. 교육부에서 실시한 '성인문해능력조사'에 따르면, 공공 및 경제생활 등 복잡한 일상생활을 하기엔 미흡한 '수준 3' 이하에 해당하는 비율이 40대 8.5%에서 50대 17.2%, 60대 35.6%로 급증한다.

사실 나는 책 읽기를 즐기는 편이라 정말 그럴까 의구심이 들다가도 주변을 둘러보면 또 그럴 수도 있겠다며 고개를 끄덕이게 된다. 책 읽기 좋은 시기가 따로 있지는 않아도 책 읽기 '더' 좋은 시기는 있는 것도 같다. 물리적 시간으로 따지자면 초등학교 졸업 전까지가 책 읽기 가장 좋은 시기지만 책을 깊이 사유하며 읽을 수 있는 시기는 나이를 먹을수록 더 많아진다. 시력 관리만 잘한다면 말이다.

나는 한때 하루 한 권 읽기를 할 정도로 미친 듯이 읽어 재꼈다. 휴직 중이라 물리적 시간이 충분하기도 했고, 그동안 읽지 못한 갈증이 폭발한 시기기도 했다. 그렇게 2년을 읽었더니 내게는 두 가지가 남았다. '많이 읽을 필요 없다'라는 큰 깨달음과 초점 잃은 안구의 저항이다. 나는 좀 고지식한 면이 있어서 뭐든 내가 해야 하고 처음부터 차례차례 해야 하고 끝까지 해야 한다. 그래서 책을 읽을 때도 처음부터 끝까지 정독하는 편이다. 아무리 읽고 싶은 책이 생겨도 읽던 책이 있으면 차례를 기다리게 하고 집중하지 못하거나 다소 어려운 책을 만나도 쉽게 포기하지 않는다. 한 번 집어 들었으면 어쨌거나 끝까지 읽어내야 한다고 생각했다. 그럴 때마다 나는 책 속 글자들에 수천 번 튕겨 나갔다. 튕겨진 나는 가까스로 문단 말미 어딘가로 되돌아왔지만 그건 향유도 사유도 아닌 쓸모없는 수고에 불과했다.

가끔 책이 나를 찾아온다고 느낄 때가 있다. 어느 날 불쑥 내게 필요한 책이 나를 찾아왔을 때 차례를 기다리게 하는 건 도리가 아니다. 또 읽고 싶은 책이 한 번에 한 권만도 아니다. 그래서 내가 선택한 건 '발췌독'이다. 이 방법은 주로 도서관에 갔을 때 적용하면 좋다. 워낙 분류가 잘 돼 있는 도서관 서가가 아닌가. 또 서점에 갔을 때처럼 지갑 사정을 고려하지 않아도 된다. 집으로 데려올 심산이 아니라면 인당 5권으로 제한된 대여 수량도 신경 쓸 필요가 없다. 마음이 가는 대로 눈길이 가는 대로 뽑아와 열람실 한쪽 나의 공간에 영역을 표시한다. 프롤로그를 읽으면 저자가 얘기하고 싶은 주제가 보인다. 그 주제가 가장 잘 드러난 부분을 목차에서 찾으면 된다. 설사 프롤로그나 목차를 보지 않아도 상관없다. 휘리릭 넘겨보다 꽂히는 문장이 있는 그곳을 읽어도 상관없다. 비슷한 주제의 책이 여러 권이라면 읽는 속도에 가속이 붙는 건 덤이다. 그중에는 또 처음부터 차근차근 읽어보고 싶은 책도 있을 것이다. 교과서도 아닌데 아무렴 어떤가. 중년의 읽기는 양보다 '질'이다. 발췌독이라고 해서 수박 겉핥기식 독서법이라고 얕보면 안 된다. 소화 기능이 떨어져 어차피 많이 먹지도 못하니, 몸에 필요한 걸 제대로 먹는 게 훨씬 이로움을 아는 나이니까.

  마치 내가 이 책을 씹어먹기라도 해야 할 듯 잔뜩 힘을 주고 책과 대적할 요량이 아니라면 그저 손길 눈길 가는 대로 책과 호흡하면 된다. 이렇게 책을 읽다 보면 우연히 마주한 어이없고 평범한 문장 하나가 내 삶을 전혀 다른 세상으로 옮겨놓기도 하니까. 그러니 책의 처음부터 끝까지 걸려있는 모든 문장을 담아내려 애쓰지 말자. 다 기억하지도 못할 거.

다른 책도 읽으면 안 돼?

로봇 과학자가 쓴 책인데 엄청 재미있다던데.

역사물과 사회과학 분야 책만 읽는 아이에게 다른 장르의 책을 수시로 찔러댄다. 편독도 유전인가. 아이는 자연과학 분야는 통 관심이 없다. 남자아이라면 모두가 좋아한다는 자동차나 공룡도 우리 아이는 영 관심을 두지 않는다. 그나마 둘째 아이가 공룡의 이름을 줄줄이 외우길래 드디어 우리 집에도 이공계의 싹이 보이는 걸까 내심 기대했었다.

나도 그랬다. 읽던 책만 읽고 읽던 분야만 연달아 읽었다. 때에 따라 빠져드는 책의 장르가 달랐지만 나 역시 자연과학 분야에는 특별한 관심이 생기지 않았 다. 사내 독서 모임 중 읽게 된 최재천 교수의 《통섭의 식탁》을 읽고 그분이 쓴 다른 책을 더 찾아보게 되었 고 《인간과 동물》을 재미있게 읽었다. 그분의 강의를 듣고 베르나르 베르베르의 《개미》를 다시 읽기도 했 다. 베르나르 베르베르야 워낙 유명한 작가기도 하지 만 그가 소설의 소재(제목에도 자주 인용하는)로 자주 활 용하는 개미, 고양이 등은 동물에 특별한 관심이 없는 나조차도 그가 세운 세상에 흡입해 들어가기 충분했 다. 그렇다고 그런 책을 읽었기에 고양이나 개를 키워 보고 싶다거나 유기견에 관심이 생기지는 않는다.

둘째 녀석이 자신은 우주에서 운석을 타고 왔다는 말을 시시때때로 해도 아이가 상상하는 우주는 어떤 모습일까 궁금해하지 않던 나다. 캠핑이나 가야 만 나볼 수 있는 별을 보며 '아 이쁘다' 정도밖에는 달리 표현할 줄 몰랐던 나도 《천문학자는 별을 보지 않는다》를 읽으며 우주에 대해, 행성에 대해 알고 싶어졌다(사실 이 책은 천문학 책이라기보다 천문학자의 시선으로 쓴 문학적 에세이에 가깝다). 저 광활한 하늘을 품은 우주에는 얼마나 많은 이야기가 숨어 있을까 궁금해하기도 하고 무슨 천문학자가 이렇게 글을 잘 쓰는지 질투심도 느끼며 말이다.

무라카미 하루키의 《달리기를 말할 때 내가 하고 싶은 이야기》를 읽고 매일 새벽 공원을 뛰던 때 운동을 하면 건강해진다는 보편적 정보 외 스스로 설득당할 구체적이고 과학적 근거를 찾다 도서관에서 우연히 뽑아 든 《운동화 신은 뇌》는 운동과 뇌과학, 노화까지 내 관심의 지평을 넓혔다. 일정 기간의 유산소 운동은 뇌의 중요 기능을 담당하는 전두엽과 측두엽을 키울 뿐만 아니라 운동이 신체 건강 외에도 정신건강, 학습 능력에까지 지대한 영향을 끼친다는 흥미로운 사실을 알게 해주었다. 하루키의 소설이 뇌과학과 인지심리학, 심지어 운동화를 파는 브랜드 마케팅으로 이어졌다. 한 권의 책이 다른 한 권의 책으로 넘어

가는 징검다리가 되고 한 권 한 권 물과 기름처럼 절
대 섞이지 않을 것처럼 보이는 책들은 어느덧 서로의
마중물이 되어 독자인 나를 그들조차 의도하지 않았
던 세상으로 슬쩍 밀어 넣어준다.

자연과학에 큰 관심을 보이지 않던 아이가 칼 세이
건의 《코스모스》를 완독했다. 700쪽이 넘어 소위 '벽
돌책'이라 부르는 책이다(나는 1/3 읽다 공손히 제자리에 꽂
았다). 아이의 말을 빌리자면 처음 도입 부분만 힘들지
읽다 보면 어떻게 읽는지 모르게 읽힌다고 한다. 십
대의 아이에게 독서는 힘들어도 참고 도전하는 과정
이라면 마흔의 나에게 독서는 지적 호기심과 세상을
바라보는 다른 시선 그 어디쯤이다. 그러니 읽다 힘들
면 그냥 덮어버리고 다른 책을 읽는다. '읽었다'쯤으
로 끝낼 책은 중년의 나에게 아무 의미가 없으니까.
다만 읽기를 멈추지 않아야 한다는 생각은 확고하다.

아이가 어릴 적(물론 지금도 어리지만) 편독 습관을 없
애보려고 아이가 좋아하는 책 사이에 내가 읽히고 싶

은 책 한두 권을 몰래 끼워놓곤 했다. 어질러진 무질서를 견디지 못하는 성격임에도 책만큼은 소파 위, 식탁 위, 베개 옆, 화장실 휴지걸이 위에 아무렇게나 늘어놓았다. 장난감을 가지고 놀다 옆에 있는 책을 한두 장 넘기기도 하고 거실 바닥을 뒹굴뒹굴 굴러다니다 걸리적거리는 책을 집어 읽기도 했기 때문이다. 각잡고 골랐으면 스스로 표지를 열지 않았을 책도 우연한 기회에 손을 댔다가 책장이 너덜너덜해질 때까지 읽어대기도 했다. 《코스모스》를 읽고 벽돌책도 두렵지 않게 된 아이는 월터 아이작슨이 쓴 자신의 롤모델 《스티브 잡스》(페이지가 1,100쪽이 넘고 무게가 1.1kg이나 된다)를 두 번이나 읽었다. 편독은 편식처럼 고칠 수 있는 거였다(오해하지 마시라. 편독이 문제라서가 아니라 골고루 먹이고 싶은 엄마 마음처럼 흥미롭고 재미있는 세상을 다양하게 보여주고 싶은 거다).

어릴 적 외갓집에 다녀오면 함께 살던 친할머니가 꼭 물었다. 외갓집 가서 뭐 먹고 왔어? 뭐도 먹고 뭐도 먹었다고 대답하면 할머니가 해준 게 맛있어? 외

할머니가 해준 게 맛있어? 라며 또 물었다. 대답해야 하는 찰나의 순간에 오만가지 생각이 빛의 속도로 내 머릿속을 휘젓는다. 할머니 질문의 의도와 원하는 대답, 그것과는 다른 내 진심 그리고 그 모든 맥락 속에 깔린 고부 사이 온도까지 고려해야 하는 요소가 너무 많았다. 어린 나이였지만 질문이 유치하다고도 생각했다. 내 대답은 한결같았다. '둘 다.' 할머니의 체면과 그 자리에 함께 있진 않아도 외할머니에 대한 의리까지 배려한 대답이었지만 할머니가 바라는 대답이 아니었음을 그때도 알았다. 그때 나의 '둘 다'는 모면이었다. 엄마가 좋아? 아빠가 좋아? 같은 우문(愚問)에 둘 다라고 대답하는 아이는 어떤 책이 좋냐고 묻는 물음에는 "그때그때 다르지"라며 당돌하게 말한다.

나도 그때그때 다르다. 학생 때는 절대 읽지 않던 자기계발 분야 책을 새벽마다 읽고 동기부여가 충만했던 시기가 있었고, 소설은 허구가 기본값이라며 현실과 동떨어진 세상쯤으로 여기던 내가 마흔을 넘기며 이건 우리가 사는 세상보다 더 진짜 같은 세상이라고 탄복해 마지않는다. 장르에 대한 편견 없이 자연스러운 흐름에 몸을 맡기고 이 책 저 책에 옆자리 내어주다 보면 혼자 걷는 길에 이따금 동행하는 친구가 생긴 것처럼 반갑고 즐겁다. 오늘도 집 안 여기저기 놓여있는 책들이 나에게 말을 건다. 같이 걸어보자고.

고등학교 졸업 전까지 즐겨 읽은 책은 문학이었다.
그러나 이십 년 가까이 문학은 치열한 현실에 치여 저
만치 물러나 있었다. 서른 중반에야 다시 소설을 읽었
다. 소설은 허구(fiction)가 기본전제라고 여겼지만 실
은 사실(non fiction)이 기본 전제다. 현실에 기반한 등
장인물과 사건, 거기에 약간의 작가의 가설. 이전에
는 스토리(story), 그러니까 이야기의 맥락이 중요했다
면 이제는 이야기 전개보다 장면의 세밀한 묘사나 색
다른 해석에 빠져든다. 몸은 현실인데 내 영혼은 작품

속 어딘가에 가 있는 듯한 유체 이탈처럼.

현실주의자인 나는 여전히 SF, 판타지 소설은 잘 읽지 못한다. 그래서 《일의 기쁨과 슬픔》, 《달까지 가자》처럼 나의 이야기자 내 지인의 이야기인 듯한 현실 소설을 좋아한다. '빛나 언니와 나 사이는 축의금 오만 원 정도의 사이였다.' 한 문장은 자질구레한 부연 설명 없이도 어떤 사이인지 단번에 이해됐다. 현실에서 우리가 하는 고민과 상황을 글로 마주할 때 터져 나오는 참을 수 없는 실소란. 경조사 금액에 따른 관계의 밀도, 겨우 돈으로 관계를 가름한다는 게 속물 같고 치졸해 보이지만 그런데도 이성보다 본능이 먼저 계산기를 두드리는 건 어쩔 수 없는 일이니까.

"빛나 언니한테 가르쳐주려고 그러는 거야. 세상이 어떻게 어떤 원리로 돌아가는지. 오만 원을 내야 오만 원을 돌려받는 거고, 만이천 원을 내면 만이천 원짜리 축하를 받는 거라고. 아직도 모르나 본데, 여기는 원래 그런 곳이라고 말이야."(〈잘 살겠습니다〉) 어찌나 사실적인지, 그래 세상은 그런 곳이지. 그런데 의외로 많은 빛나 언니가 내 주변에도 있음을 떠올리면서 몇 번을 읽었다.

우리 부부는 사내 커플이다. 결혼 전 같은 사람에게 각각 축의금을 보냈다. 계산대로 하면 그 사람도 우리 각자에게 받은 금액만큼 축의금을 보내야 했다. 그런데 그 사람은 한 사람이 보낸 금액만큼만 남편에게 보냈다. 내게는 없었다. 둘이 보낸 금액을 합쳐 남편에게 축의금을 보냈다면 이해할 수 있었겠지만 이건 어느 나라 무슨 셈법인지 도무지 이해되지 않았다. 가고 오는 액수가 같은 게 상식이란 걸 그는 빛나 언니처럼 몰랐던 걸까. 내가 규정한 우리 사이가 어긋날 때 무척 당황스러웠다. 주고받는 순서가 바뀌어도 마찬가지였다. 나는 최소한의 예의를 지키기 위해 받은 금액과 준 금액을 정리한 엑셀 파일을 한동안 가지고 있었다. 몇몇 빛나 언니와 이삼만 원으로 균열이 가는 얄팍한 관계가 회사 동료관계인가 싶어 결국엔 휴지통에 버렸다.

《달까지 가자》라는 제목만 보고 판타지 장르인 줄 알았다. 혹은 연애소설이거나. 코인의 상승세가 코브라처럼 고개를 쳐들고 끝도 없이 오르면서 코인 투자자들 사이의 유행어가 'Go to the moon'이었다. 너무 멋진 말 아닌가. 달까지 가자니. 코인을 타고 인생 역전도 아니고 달까지 가자니. 나는 코인 투자를 해본 적 없지만, 소설을 읽는 내내 흙수저 3인방의 코인 열차가 달까지 가기를 열렬히 응원했다.

《82년생 김지영》은 영화로 먼저 봤다. 거의 처음이었다. 엄마와 단둘이 영화를 본 건. 나는 주인공 김지영처럼 남녀 차별도 시집살이도 당하지 않았다. 그런데도 영화를 보는 내내 꺽꺽대고 울었다. 남녀 차별과 시집살이를 모두 경험한 엄마가 왜 그렇게 우냐고 물었다. 이유를 알 수 없었지만, 눈물은 멈추지 않았다. 영화를 보고 나서야 소설을 읽었다. 영화를 보는 내내 흘렸던 눈물을 소설을 읽는 중엔 흘리지 않았지만 나는 내가 왜 울었는지 알 것 같았다.

무겁지 않았지만 잔잔한 여운이 오래 남았던 소설

이 있다. 《어서 오세요, 휴남동 서점입니다》는 기승전결이 없는 구조다. 서점 주인 영주를 중심으로 서점에서 일하는 바리스타 민준, 작가 승우, 고등학생 민철과 그의 엄마 등등 서점에 오는 손님들의 이야기, 우리 주변 어디쯤이라 할만한 동네 후미진 골목에 생뚱맞은 동네 서점. 볼만한 사건이 없다고 밋밋하고 지루한 이야기란 의미는 아니다. 책과 동네 서점이라는 공간을 통해 연결되는 사람들의 이야기가 스며들 듯 나에게 닿았다. 배려, 우정, 느슨한 연대는 개인주의가 팽배한 현대를 살아가는 우리가 어떻게 함께 살아가는지 너무도 잘 보여준다. 사심을 가득 담아 읽은 소설이다.

이십여 년 전이다. 무라카미 하루키 《상실의 시대》는 내게 잊을 수 없는 소설 중 하나다. 내가 직접 고른 책은 아니었던 거 같고, 집에 있던 책을 제목에 이끌려 읽었던 걸로 기억한다. 이 책을 통해 나는 하루키라는 작가를 알게 되었다. 덕분에 그의 책이라면 묻지도 따지지도 않고 담다 보니 《노르웨이 숲》이 상실의 시대와 같은 책이란 걸 알지 못하고 또 주문한 웃지 못할 해프닝도 있다. 청춘의 사랑, 이별, 아픔, 기억, 삶과 죽음. 한 권의 소설에 다 담을 수 없는 모든 것을 하루키는 섬세하게 담아냈다. 스무 살 사랑 이야기쯤 으로 여기기에는 여전히 가슴 한편이 저미는 듯한 감정을 지울 수가 없다. 아마도 이 소설은 한 시대를 살아가는 우리에게 삶이란 이런 것 아니겠냐고 넌지시 물었는지 모른다. 마흔이 넘어 다시 읽는 이 소설이 여전히 과거의 감정을 소환하는 건 하루키의 능력일까. 시대가 변해도 변하지 않는 그 무엇 때문일까.

몇 달 전 알베르 카뮈의 《이방인》을 가지고 독서 모임을 했다. 몇 차례 시도 끝에 어렵게 완독한 책이다. 이십 대, 고전이란 이름에 끌려 집어 들었다. '오늘 엄마가 죽었다. 아니 어쩌면 어제.' 첫 문장 말고 기억에 남는 게 없었다. 삼십 대, 책꽂이에 그대로 꽂아둔 게 미안해 빚진 마음으로 다시 읽었다. 여전히 중간도 못 읽고 덮었다. 사십 대, 집단의 힘을 빌려 다시 읽었다. 뫼르소의 다소 이해하기 힘든 삶의 태도에서 현대사회를 살아가는 우리 역시 이방인과 다를 게 없지 않을까 위로받았다. 뫼르소를 이해하려면 시간이 더 필요하겠지만 드디어 만나게 된 그가 퍽 반갑다.

정지아 작가의 《아버지의 해방 일지》는 이방인의 첫 문장과 닮아 풋 하고 웃음이 나왔다. 30만 부 이상이 판매되며 표지까지 리뉴얼 돼 재출간되리만큼 인기를 끈 작품이다. 많이 읽는 데는 다 이유가 있었다. 나는 이 소설을 끊어 읽을 수 없었다. 시대를 공감하는 것도 아닌데 나는 소설 속 아버지의 시대를 살아본 듯한 착각에 빠졌다. 장례를 치르는 동안 이념과 역사의 소용돌이 속에서 빨갱이 사회주의자 아버지의 삶을 엿보며 딸은 비로소 아버지를 이해하게 된다. 자신의 시간 속에 존재할 숱한 순간의 아버지가 문득 그리워진다는 소설 속 딸처럼 책을 읽는 내내 내 세상 순간순간에 존재하는 내 아버지의 모습이 사무치게 그립고 미안해져 나는 마지막 책장을 덮으면서도 눈물을 참아냈다.

소설을 왜 읽는지 몰랐다. 그저 유희에 지나지 않는 읽기라고 여겼다. 무언가를 하라고 강권하는 자기계발서나 개념과 논리로 무장한 인문서처럼 목적이 분명한 책과는 결이 다른 소설의 효용을 미처 발견하지 못한 거다. 글자를 읽으면 직관적으로 의미를 알 수 있는 책들이 편했을 수도 있고. 소설은 행간을 따라가기만 하면 되는 읽기가 아니다. 《도둑맞은 집중력》의 작가 요한 하리에 따르면, 소설 읽기는 타자에 관한 관심과 자기에 관한 관심을 결합하는 '적극적 행위'다. 타인의 삶을 이해하고 공감하며 자기 삶과 연결하며 읽어야 한다. 풍부한 어휘력과 기발한 표현을 즐길 수 있는 것도 이점이고.

재미있는 기사를 읽었다. 2016년 예일대 연구팀이 50세 이상 성인 남녀 3,653명을 12년 동안 추적 조사한 결과에 따르면, 하루 30분 이상 소설을 읽은 사람들은 그렇지 않은 사람보다 평균 수명이 23개월 더 길고, 사망률은 23% 더 낮았다. 소설의 또 다른 효용이 아닐 수 없다. 타인에 대한 높은 공감력이 관계의

질을 끌어올려 장수의 비결로 귀결됐을까? 풍요로운 삶을 넘어 장수를 누릴 수 있으니 소설을 읽지 않을 이유가 없다. 현실과 소설의 경계가 점점 희미해져 간다. 그래서일까. 언제부터인가 언젠가는 나도 '소설을 쓰고 싶다'라는 꿈이 생겼다.

다독과

심독

사이

책 많이 읽어라.

수도 없이 듣는 말이다. 심지어 책 속에 길이 있다고도 한다(김훈 작가는 책 속에 무슨 길이 있느냐고 길은 밖에 있다고 일갈했지만). 책을 많이 읽어야 한다는 주장과 그렇지 않다는 주장이 팽팽하다. 대개의 주장은 객관적 사실에 입각한다기보다 각자의 주관적 믿음에 기반할 때가 많다. 옳고 그름이 없는 논쟁이다. 그간 책은 절대적 진리요 권위라는 인식이 우리의 정서에 단단히 자리 잡아 왔다. 두꺼운 선입견의 장벽 안에 건재하는 책이 재미있어 읽는 사람이 얼마나 될까. 재미로 치자면 책 말고도 영화, 게임, 여행 등등 얼마나 많은 재밋거리가 있는데. 특히나 요즘은 유튜브라는 거대한 블랙홀이 시공간을 초월하여 우리를 빨아들이고 있지 않나.

오래도록 독서는 지식을 얻는 최고의 방법이었다. 쉽고 간편하며 경제적이다. 하지만 더이상 독서는 지식 습득을 위한 최선의 수단이 아니다. 현대 사회는 책보다 흡입력과 설득력에서 탁월한 기능을 자랑하는 매체가 차고 넘친다. 그런데 나는 물론 지금 이 글을 읽고 있는 당신은 왜 여전히 '책'일까?

집에서 멀지 않은 곳에 바다와 맞닿은 공원이 있다. 가끔 운동 삼아 자전거를 타고 그곳에 간다. 해 질 무렵 노을을 수평선과 함께 직관할 수 있는 낭만이 일상을 물들인다. 수변도로를 따라 자전거를 타거나 캠핑 의자를 펴고 앉아 바닷바람을 맞으면 마치 어디 먼 곳으로 여행을 온 듯한 기분마저 든다. 갈매기 떼가 우리 머리 위를 맴돈다. 엄지와 검지로 새우깡을 집어 허공에 들면 갈매기는 정확한 고도로 내려와 한 치의 오차도 없이 과자를 낚아챈다. 그 광경을 보던 아이가 소리쳤다. "바삭바삭 갈매기다!"

세상에! 갈매기가 바삭바삭하다니. 어떻게 그런 표현을 쓸 수 있냐고 감탄하며 묻는 내게 아이가 한마디 한다. "국어책에 나와." 아이의 기발한 표현력에 깜빡 속을 뻔했지만(?), 그 뒤로 나는 갈매기만 보면 바삭바삭한 느낌을 지울 수가 없다.

책을 읽는 이유가 이런 것 아닐까(비록 내가 읽은 건 아니지만). 책은 나에게 새로운 눈을 갖게 해준다. 그동안 내게 갈매기는 그냥 갈매기고 배는 그냥 배였는데 작가의 시선을 빌어 내가 보지 못한 세상을 만난다. 책은 아무것도 아니라고 여긴 평범한 일상에 생기를 불어넣어 삶을 풍성하게 만든다. 이건 책을 많이 읽고 적게 읽고와는 무관하다. 스쳐 지나가면 알아채지 못할 문장에 나는 넋을 잃을 때가 한두 번이 아니다.

'배달의민족' 창업자 김봉진 의장은 자신의 책 읽기

는 지적 허영심에 충만한 허세적 행위에서 비롯됐다고 고백했다. 나도 한때 독서를 허세로 포장했던 시간이 있었다. 매일 한 권씩 책을 읽고 사회관계망에 읽은 책을 인증하고(누가 시키지도 않았는데) '좋아요' 개수를 의식했다. 책 속 글귀가 마치 내 생각인 양 한껏 멋을 내며 말이다. 어떤 날은 보는 이도 없는 인증을 위해 가벼운 책이라도 읽어 권수를 채웠다. 이렇게 읽은 책은 내게 무엇도 남기지 못했다.

쇼펜하우어는 다독은 인간의 정신에서 탄력을 빼앗는 일종의 자해라고까지 했다. 체화하지 않고 그저 집어넣기에 지나지 않는 읽기는 무용을 넘어 유해할 수 있음을 이제는 안다. 시린 눈에 인공눈물을 투여하며 '읽기만' 한 지난 시간을 눈물로 후회하곤 하니까.

어릴 적에는 아니 불과 십 년 전만 해도 주위에 사람이 많은 사람을 부러워했다. 늘 누군가와 약속을 잡고 누구라도 불러낼 수 있는 사람은 관계의 경중을 떠나 행복한 사람이라 여겼다. 그러나 나이가 들어가며 관계는 양보다 질임을 알게 됐다. 백 명의 지인보다 한 명의 친구가 내겐 더 소중하다. 책도 마찬가지다. 아무리 책을 많이 읽어도 내게 어떤 울림이나 변화가 없다면 아니 읽은 거나 진배없다. 그러니 시력도 예전만 못한데 많이 읽어야 한다는 강박은 내려놓아도 된다. 사십 년쯤 살아오면서 우리는 책에서 배울 수 있는 것보다 훨씬 많은 것들을 이미 몸으로 배웠을 테니 말이다. 단지 그랬기에 무뎌졌을 우리의 시선에 외부의 개입이 필요할 뿐.

책을 읽는 건 그런 개입을 허용함으로써 이전과는 다른 일상을 사는 것 아닐까. 《곽재구의 포구 기행》을 읽다 다음 문장에 가슴이 쿵 내려앉았다.

배들의 이름에는 선주들의 꿈이 고스란히 담겨 있다. (중략) 그 이름들의 의미를 다 모아놓으면 그것이 그대로 한 포구가 지닌 그리움의 실체가 되리라.

동백호, 덕적호, 만선호…. 선명은 하나같이 촌스러웠다. 책을 읽기 전까지는. 파출소에 근무할 때, 함정에 근무할 때 숱하게 보고 부른 선명(船名)에는 촌스러움이 아닌 선주(船主)들의 꿈이 담겨 있었던 거다. 작가의 시선은 무감각했던 내 수년의 시간을 단숨에 바다 밑에서 건져 올린다. 촌스러운 낡은 배들로 가득한 비린내 나는 포구가 아닌 꿈으로 가득한 낭만의 포구가 된다. 내 일터는 그런 곳이었다.

다른 재미있는 매체들이 많은데도 여전히 책을 읽는 이유가 바로 이거다. 이전까지 그렇게 보이지 않았던 것들이 책을 읽고 난 후 전혀 다르게 보이는 것. 많이 읽는(多讀) 것에 무게를 두다 보면 놓치게 되는 보석 같은 문장들은 천천히 마음으로 읽어야만(心讀) 느낄 수 있다. 가끔 바람 쐬러 드라이브를 간다. 목적지도 약속 시간도 없기에 천천히 여유 있게 운전해도 될 걸 관성에 길들어진 내 발은 엑셀의 탄성을 기어이 이기려 한다. 운전대를 잡은 나는 신호등과 앞차 뒤꽁무니만 보고 차창 밖 풍경 감상은 조수석에 앉은 그에게 돌아간다. 창밖에 시선을 고정한 그는 벌써 나무 색깔이 바뀌느니 하늘이 유난히 높다느니 저 새들도 우리처럼 바람 쐬러 날아가냐느니 해가며 분주하다.

내 눈으로 보는 세상과 타인의 눈으로 보는 세상, 눈으로 보는 세상과 마음으로 보는 세상이 섞여 풍요로운 세상이 펼쳐진다. 나는 오늘도 다독의 욕심을 애써 억누르며 심독(心讀)으로 심독(深讀) 하며 이전보다 조금 더 윤택한 삶을 살고자 한다.

마흔쯤 내가 가장 많이 읽으려 노력했던 책은 경제
경영 분야가 아닐까. 서른 후반 불현듯 찾아온 정체성
의 방황과 이어진 존재 이유에 대한 갈증은 결국 '돈'
이라는 피할 수 없는 명제에 다가갈 수밖에 없었다.
돈은 부자가 되고 아니고의 문제가 아니라 나로 사느
냐 마느냐 존립(Being)의 문제였다. 지금은 너무 많이
들어 더는 새롭지 않은 '경제적 자유'라는 키워드 역
시 당시 내 가슴을 뛰게 했던 불씨였다. 자유와 경제
를 같은 카테고리에 넣는다고 생각해 본 적 없을 정도

로 나는 경제 관념에 있어 무지했다. 소비와 부의 단순 인과 관계만 생각할 줄 알았지, 생산과 부를 같은 카테고리에 넣겠다 생각하지 못했다. 돈은 절약의 대상일 뿐 돈을 굴려 부를 이룰 수 있다고 생각하지 못했다. 대출은 나쁜 것, 빚은 안되는 것이라는 등식이 내 머릿속에 박혀 있었다. 나는 필요와 욕구를 구분하지 못했고 빚에도 종류가 있다는 걸 알지 못했다. 부는 더하기만 있는 줄 알았지 곱하기로 불어난다는 사실도 알지 못했다.

남편은 나를 만나기 전 티셔츠 하나에 십만 원 넘게 주고 산다는 걸 이해하지, 아니 경험하지 못했고 커피 한 잔에 4천 원이 넘는 걸 받아들이지 못했다. 개념 없는 여자 친구를 만나 백화점이 데이트 장소가 되고 식사 후엔 당연히 들려야 하는 곳이 카페가 되었다. 월급의 90%를 여자 친구인 나를 위해 지출했다. 연인과 데이트할 때 셈이란 걸 할 줄 몰랐으니 경제 개념이 부족한 건 남편도 마찬가지였다. 다행히 우리 부부는 집에 대한 소유 욕구가 강한 공통점이 있었다. 부동산의 성질, 대출의 의미에 대해 전혀 알지 못하면서 결혼 축의금으로 덜컥 살지도 못하는 집을 계약했다. 결론만 놓고 보자면 어쨌든 잘한 선택이긴 했으나 그 과정이 수월했다고는 절대 말할 수 없다.

서른 후반, 언제까지 이렇게 다람쥐 쳇바퀴 돌 듯 살아야 하나 낙담하고 있을 때 우연히 읽게 된 한 권의 책이 인생의 전환점이 되었다. 책을 읽고 저자의 강의를 듣고 지금보다 나은 삶을 살고자 하는 이들 무리에 발을 들여놓으면서 나의 삶은 변하기 시작했다. 돈을 공부하기 위해서는 자기 관리가 전제되어야 하기 때문이다. 새벽에 일어나 책을 읽거나 명상하거나 운동하거나 글을 쓰는 것이 곧 나의 경쟁력이고 그 경쟁력이 미래의 어느 시점에서는 경제적 이득으로 이어질 거라 굳게 믿었다. 자신의 철학 없이 분위기에 휩쓸려 달린 게 실수긴 했어도 방향은 맞았다고 여전히 믿는다.

급여를 받는 사람을 월급쟁이라고 부른다. 월급장

이나 월급가라고 부르지 않는다. '쟁이'는 사람의 버릇, 성질, 행동, 모양 등을 가리키는 말이다. 일반적으로 겁쟁이, 개구쟁이, 변덕쟁이처럼 좋지 않은 버릇이나 행동을 가진 사람을 나타낼 때 쓴다. '장이'는 대장장이, 땜장이, 양복장이처럼 어떤 기술을 가진 사람을 가리킨다. 기술이 있어도 급여를 받으면 대개는 월급쟁이로 통칭한다. 나는 이 월급쟁이라는 말이 주는 어감이 불편하다. 어딘가에 종속돼 살아가는 기분이 든다고 해야 할까? 공직자도 급여를 받는다. 봉사하고 받는 급여라 월급이 아니고 봉급이라고 부르자는 사람도 있지만 그건 말장난에 지나지 않는다. 어쨌든 월급이라는 종속에서 벗어나 자유로운 삶을 꿈꾸는 사람 중 한 명으로 경제적 자유를 향해 나아가는 과정은 '아직' 좌충우돌이다. 누군가 그랬다. '아직'이란 부사어에는 '희망'이 있다고. 비슷한 의미의 여전히는 현재 상태가 지속되리라는 느낌이 들지만, 아직은 미래는 현재와 다를 거라는 반전의 의지가 있다고 말이다.

사십 대는 인생의 전반기를 마무리하는 동시에 후

반기를 시작하는 시기다. 그래서 이제야 진짜 내 삶을 살아보고 싶은 간절한 삶의 동기가 명치 끝에 자리하고 있는지도 모른다. 더는 무엇 때문에 나답게 살지 못하는 삶을 용인할 수 없는 나이다. 그것이 돈이든 건강이든 가족이든 말이다. 특히 돈 때문이라면 무척 괴로울 거다.

재테크계의 고전이라 불리는 《보도 섀퍼의 돈》을 십 년 만에 다시 읽었다. 이미 출간된 지 13년이 지난 책이다. 지극히 당연한 말들, 그런데도 여전히 재테크 필수 서적에 랭킹 돼 있다. 지극히 당연한 말들을 이토록 오랜 시간 경제적 자유를 갈망하는 이들이 찾는 이유를 생각해 보았다. 로버트 기요사키의 《부자아빠 가난한 아빠》나 팀 페리스의 《타이탄의 도구들》, 엠제이 드마코의 《부의 추월차선》 같은 책들 역시 마흔이 되도록 돈에 대한 편견 속에 스스로 가두었던 자신을 한심하게 느끼게 하기에 충분했다. 이 책들은 돈 버는 방법보다 돈을 대하는 태도나 생각을 바꾸는 데 도움이 되는 책이다. 마흔의 나에게 돈 자체가 목적이 될 수는 없다. 돈의 많고 적음보다 그로 인해 누릴 수 있는 삶의 가치와 효용이 훨씬 가치 있다. 사십 대는 이삼십 대와는 달리 아끼고 싶어도 아낄 수 없는, 그러니까 숨만 쉬어도 나가는 돈이 절대적으로 많은 시기다. 혼자 혹은 둘이 벌어 세 사람 이상 함께 나눠 써야 한다. 은퇴는 다가오고 준비할 수 있는 시간은 점점 줄어든다. 그러니 아차 했다가는 만회할 시간조차 쉬이 허락되지 않는다.

마흔의 읽기는 그래서 돈이 되는 읽기가 필요하다. 회사로부터 가족으로부터 경제적으로 독립하기 위해 당장은 아니라도 곧, 스스로 설 수 있는 발판을 차근차근 준비해야 한다. 비단 돈에 관한 읽기만 말하는 게 아니다. 마흔은 내 마음을 돌보는 일, 내 육체를 건강하게 가꾸는 일, 사회에 기여하는 일 등에 관심을 기울여야 할 때다. 인터넷이나 구전으로 떠도는 말에 휘둘리지 않게 자기중심이 필요한 때다. 나는 어떤 삶을 살고 싶은지, 그렇게 살기 위해 무엇을 얼마만큼 준비해야 하는지, 지금 내 마음은 괜찮은지, 내 몸은 괜찮은지, 세상은 어떻게 움직이고 있는지, 제대로 알아야 타인에게 휘둘리지 않고 나의 중심대로 살 수 있을 테니까. 온전한 독립된 인간으로 홀로서기를 위해 읽어야 한다. 경제 개념이나 건강 지식은 나이와 비례하지 않으니까.

아이처럼

살고

싶다

십 년째 밤마다 책을 읽는다. 한 권도 아니고 최소 세 권은 읽는다. 한때는 열 권도 읽었다. 엄마가 되고 나서 생긴 루틴이다. 아이가 잠들기 전 함께 침대에 누워 그림책을 읽는다. 처음엔 내가 읽어줬고 어쩔 땐 아이가 읽어줄 때도 있고, 가끔은 한 페이지씩 나눠 읽기도 한다. 둘째가 태어나기 전까지 큰아이는 원하는 만큼 읽었다. 둘째가 태어나고 난 후엔 여러 여건을 고려해 세 권으로 제한을 둘 수밖에 없었다(제한을 두지 않으면 끝없이 꺼내오는 아이들을 엄마라면 모두 경험했을 거다). 큰 애가 원하는 책 한 권, 둘째가 원하는 책 한 권, 엄마인 내가 읽고 싶은 책 한 권. 이제 큰애는 더는 엄마가 책을 읽어주지 않아도 된다. 덕분에 둘째는 오로지 자기가 원하는 책을 읽을 수 있지만, 한국어책 한 권당 영어책 한 권이라 세 권 이상 꺼내오지는 않는다. 엄마의 규칙에 대한 둘째 녀석의 불만은 글밥이 아주 많은 그림책을 골라 오는 것으로 복수를 갈음한다.

요즘 책 육아하는 엄마들처럼 그림책으로 뭘 해보겠다는 목표는 없다. 그저 일종의 수면 의식 같은 거다. 어쨌거나 그렇게 십 년을 읽은 덕분에 나는 그림책이 아이들만을 위한 책이 아니란 걸 알게 됐다. 아이에게 부러운 건 기발함과 순수함이다. 나도 지나온 시간인데 당최 내게는 찾아볼 수 없는 이제는 소멸해버린 그것.

휴직 때다. 워킹맘의 한(恨)을 풀어보겠다는 심산으로 도서관이나 지자체에서 운영하는 프로그램에 매우 열심히 참여했다. 그중 하나가 '북 큐레이션(Book Curation)' 과정이었는데 한창 독서에 몰입했던 시기와 맞물려 덜컥 수강했던 프로그램이다. '복합문화공간'을 운영하는 버킷리스트가 있는지라 책을 선택하고 조합하는 역량을 갖추고 싶기도 했다. 내가 의도한 건 그림책은 아니었다. 다만 다양한 주제로 남녀노소를 아우를 수 있는 책이 '그림책'이라고 선생님은 설명했다. 석 달 동안 그림책의 역사, 종류, 작가, 그림책을 이해하기 위한 시대적 배경지식까지 제법 다양한 이론들을 배우고 직접 책을 큐레이션하는 시연을 하기도 했다. 같은 책을 읽어도 감동하는 포인트나 느끼는 감정이 모두 다르듯, 책을 선택하고 소개하는 방법 역시 다양해 재미있었다. 이때를 계기로 아이를 위한 그림책이 아니라 나를 위한 그림책을 읽기 시작했다.

어릴 적 나는 '애늙은이' 같다는 소리를 종종 듣곤 했다. 그때는 그 말이 나를 어른으로 인정해 주는 말인 줄 알고 내심 뿌듯했다. 그러나 나는 아이를 키우고 나서야 '아이 같다'라는 말이 얼마나 근사한 말인지 알게 됐다. 아이다움이란 그때가 지나면 다시 갖기 힘든 찰나의 순수함이자 가장 창조적인 시기가 아닌가. 아이에게 매일 밤 책을 읽어주며 아이만이 살 수 있는 세상에 가끔은 어른인 나도 들어갈 수 있도록 허락받았다. 아이의 시선과 아이만의 언어를 경험하는 행운도 함께.

노인경 작가 《곰씨의 의자》는 내 마음을 그대로 옮겨놓은 것 같아 속으로 '맞아 맞아' 맞장구치며 읽었던 기억이 난다. 대략의 줄거리는 이렇다. 곰씨는 친절하고 다른 이들과 함께 있는 게 소중한 시간이란 것도 알지만 혼자 책도 읽고 음악도 듣고 명상도 하고 싶다. 토끼들은 그런 곰씨의 마음도 모른 채 자꾸만 곰씨의 시간 속으로 시도 때도 없이 들어온다. 참고 참던 곰씨는 토끼들에게 자신의 속마음을 말했고 곰씨는 비로소 자기만의 시간을 가질 수 있게 된다.

여럿이 함께 있는 시간도 좋지만, 중년의 우리는 혼자만의 시간이 사무치게 그리운 나이 아닌가. 평일에는 직장도 다녀야 하고 주말에는 가족들과도 함께 시간을 보내야 한다. 나를 위해 '내 맘대로 할 수 있는 시간'이 사실상 없다고 봐도 과언이 아니다. 책을 읽는 중에 아이가 묻는다. "엄마도 혼자 있고 싶을 때가 있어?" 하길래 "있지…"라고 대답하자 아이는 "그래서 새벽에 일찍 일어나는 거구나" 한다. (알면 이제 혼자 좀 자면 안 되겠니?)

고정순 작가 《가드를 올리고》는 아이보다 중년의 우리가 읽으면 용기를 얻는 책이다. 검은 묵으로 스케치하듯 그려낸 주인공과 그의 빨간 글러브가 대비되어 더욱 몰입하게 된다. 단번에 오를 줄 알았던 산은 생각처럼 쉽지 않다. 퍽! 퍽! 맞아도 버티고 버틴다. 포기할 만도 한데 '다시' 가드를 올린다. 책장을 덮으며 아이는 슬프다고 했다. 나는 그게 앞으로 네가 살게 될 세상이라고 말해 주고 싶었으나 말할 수 없었다. 우리는 포기하고 싶은 순간에도 언제나 가드를 올리고 다시 선다. 그렇게 또 살다 보면 다시 가드를 올리던 두렵고 외로웠던 시간은 희망이 된다.

주말이면 가끔 멀리 가기는 어렵지만 기분 전환이 필요할 때 집 근처 산에 오른다. 왕복 두 시간 정도면 충분히 땀을 내고 머리도 식힐 수 있는 아주 가성비 좋은 곳이다. 이 산은 정상이 두 개라 처음 가는 사람들은 첫 번째 정상이 끝인 줄 알고 그만 내려갈 수도 있다. 첫 번째 정상에서 5백 미터쯤 가면 첫 번째보다 더 높은 두 번째 정상이 나온다. 아이들과 처음 같이 가서 정상이 어딘지 헤매고 있을 때다. 아이가 힘들어 보이자 남편이 그만 내려갈까 하고 물었다. 아이는 "Dig a hole"이라며 예전에 읽었던 그림책을 소환했다. 맥 바넷(Mac Barnett)이 글을 쓰고 존 클라센(Jon Klassen)이 삽화를 그린 《샘과 데이브가 땅을 팠어요(Sam & Dave Dig A Hole)》를 기억한 거다. 샘과 데이브는 대단히 멋진 보석을 찾기 위해 땅을 판다. 아이들은 대단히 멋진 보석은 깊이 있다고 생각했다. 계속 파도 보석이 나오지 않자 방향이 잘못된 것 같다며 바로 한 삽만 더 파면 있는 보석을 비껴간다. 땅속에는 보석이 하나만 있지 않았다. 크기도 다양한 보석을 요리조리 용케도 피해 가는 주인공을 보며 아이와 나는 읽는 내내 여기잖아, 한번만 더 파봐, 안타까워했다.

　많은 그림책이 그렇듯 얼마 되지 않는 문장만으로도 우리 자신을 돌아보게 만든다. 그동안 우리가 놓쳤을지 모를 보석, 한 삽만 더 파면 발견했을 보석이 아쉬워지는 순간이었다. 끝까지 포기하지 말자고 스스로 다독여야 할지 포기도 용기라고 위로해야 할지 여전히 단언할 수 없다. 어느 쪽으로든 축적한 경험의 결과에 따라 달라지겠지만 마흔의 나는 아직은 'kept digging' 하려 한다.

짧으면 모두 시(詩)인 줄 알던 초등학생 시절, 무슨 바람이 불었는지 틈만 나면 공책에 시를 써댔다. 행과 행 사이 운율을 맞추고 의성어, 의태어를 마구 섞어 쓴, 아마도 동시에 가까운 형태로 어렴풋이 기억한다. 다시 생각해도 손발이 오그라드는 민망한 시(?)였다.

시집을 다시 꺼내든 건 마흔을 지나면서다. 질주하던 기관차가 드디어 플랫폼으로 서서히 들어서는 나이에 시집은 큰 위로가 됐다. 글이 많지 않아 노안을 신경 쓰지 않아도, 수시로 엄마를 찾는 아이의 외침에

답하느라 수십 번 덮었다 다시 펼쳐도 전혀 불편하지 않았다. 예기치 못한 한 방이 시의 매력일까? 곱씹을수록 진한 여운이 남는 게 시의 매력일까? 아침 출근 길에 읽은 시 한 소절에 종일 정신을 차릴 수 없을 때도 있다.

나는 오래된 거리처럼 너를 사랑하고
별들은 벌들처럼 웅성거리고

여름에는 작은 은색 드럼을 치는 것처럼
네 손바닥을 두드리는 비를 줄게
과거에게 그랬듯 미래에게도 아첨하지 않을게

진은영 시인의 〈청혼〉을 읽었다. 첫 행을 읽는 순간부터 〈청혼〉을 다 읽기까지 한참이 걸렸다. '오래된 거리처럼' 사랑하는 건 어떻게 사랑하는 걸까? 별들이 촘촘히 박힌 하늘을 보며 시인은 벌들이 웅성거린다고 했다. 별들의 웅성거림이라니. 손바닥을 두드리는 빗줄기의 모습을 떠올렸다. 사랑하는 사람과 함께

비를 맞으며 느끼는 차갑고 촉촉한 감촉이 메말라 버린 나를 적셔온다. '과거에게 그랬듯 미래에게도 아첨하지 않을게', 나도 모르게 깊은 탄식이 새어 나왔다. 과거에 질질 끌려다니고 미래에 전전긍긍하는 나에게 '죽방'을 날리는 한마디였다.

시를 읽는 이유다. 시인은 몇 마디 하지도 않았는데 독자 스스로 검열을 시작한다. 어떻게 이런 표현을 할 수 있는지 탄복은 그다음이다. 자기반성과 위로를 통해 자가 면역력을 풀(full) 가동한다. 때로는 시를 읽지만, 시인의 의도를 온전히 이해할 수 없을 때도 많다. 모호하고 난해한, 내가 받아들인 그 의미가 아닐 수 있다는 의심까지. 그래서 시집 뒤에 실려있는 해설을 읽으며 나의 의심을 털어낼 때도 있다. 참지 못하고 시집의 해설을 펼쳤다. 신형철 문학평론가가 해설을 달았다. 역시! 신형철답게 명료하다. 평론가의 해설대로 해석하지 않아도 상관없지만, 나의 의심을 털어내는 데는 도움이 되었다. 해설을 읽다 시의 제목을 간과했음을 깨달았다. '청혼'이었지. 사랑이란 단어에 인색한 내게는 청혼의 시구가 자기 성찰로 다가오다니.
실소가 나왔다. 사랑에 관한 시를 몇 개 더 읽었다.

나는 가진 것보다
가지지 않은 것을 버립니다

나는 몸에 붙어 살찐 것보다
살찔 것들을 씻습니다

나는 걸레로 닦은 것보다
걸레에 묻어날 먼지들에 관련되어 있습니다

귀로 소리를 소화시키기보다는
들리지 않는 소리를 유인합니다

붙들리는 것을 금하였으므로
길 건너를 궁금해하지 않습니다

내가 사랑입니다

그래서 물었습니다
나는 몇 평입니까

물었습니다
나는 얼마입니까

물었습니다
이제 나는 가까이 있습니까

이병률 시인의 〈사랑〉이다. 제목 탓일까. 마지막 행에서 가슴이 찌릿했다. 시인은 말한다. 가진 것보다 가지지 않은 걸 버리고, 살찐 것 보다 살찔 걸 씻는다고. 귀로 들리는 소리 보다 들리지 않는 소리에 귀를 기울인다고. 속세에 나를 붙잡는 그 무엇들을 금하니 가지지 않은 걸, 보이지 않는 그것을 궁금해하지 않는다고. 그것이 사랑이라고. 그러니 몇 평이고 얼마인지 중요하지 않다고.

중년의 나이가 되면 내면에 담은 그것보다 보이는 것들에 더 신경이 쓰인다. 이 정도 집은 살아야 할 것 같고, 이 정도 차는 몰아야 할 것 같고, 내 안에 담은 보이지 않는 가치와 철학보다 남들 눈에 보여 평가되는 그 무엇을 우선한다. 그것이 그렇게까지는 중요하지 않다는 걸 알면서도 또 그렇게까지 무시할 수만도 없다. 그래서 중년은 매일 유혹이고 매일 전쟁이다. 다시 한번 쐐기를 박는다. 그래서 이제 나는 당신 가까이 있느냐고. 소리 없는 절규가 내 귓가를 때린다. 중년에게 사랑은 현실이다. 사랑하는 이와 퇴근길 입속에 털어 넣는 소주 한 잔에 이게 행복이라고 서로를 달래는 게 사랑이다.

복효근 시인의 시를 읽으며, 상처를 통해 성장한다는 그 어떤 교훈보다, 아름답지만 깊은 위로를 받았다. "시란 금방 부서지기 쉬운 질그릇인데도, 우리는 그것으로 무엇인가를 떠 마신다"라는 황지우 시인의 말처럼 시는 우리에게 그립고 진한 삶의 무언가를 건넨다. '끝물 과일들은 가난을 위로하는 법'(〈광장〉 박준), '봄날에는 사람의 눈빛이 제철'(〈낙서〉 박준), 행간 사이사이 엄마가 무심하게 툭툭 깔아놓은 밑반찬에 자꾸

손이 가는 것처럼 눈이 간다. 팔팔 끓여내면 뽀얀 국물이 되는 사골국처럼, 읽어도 읽어도 아니 읽을 때마다 진한 육수에 온몸이 배어든다. 그렇다고 시가 중년에게 무겁고 진지한 것만은 아니다. 얼마 전 우연히 읽은 이규경 시인의 〈용기〉라는 시는 허를 찔려 한참을 박장대소했다.

넌 충분히 할 수 있어
사람들이 말했습니다

용기를 내야 해
사람들이 말했습니다

그래서 나는 용기를 내었습니다
용기를 내서 이렇게 말했습니다

나는 못 해요

그래, 용기가 무턱대고 해야 한다고, 할 수 있다고 하는 게 아니잖아. 못한다고 말할 수 있는 것도 용기지. 실은 이게 더 큰 용기지. 시는 때론 성경처럼 경건하다가도 이렇게 '훅' 치고 들어오는 '한방'이 있다.

잘 익은 중년도 꽃내음이 날 수 있다면 얼마나 좋을까.

　사십 정도 넘으면 자신도 어찌할 수 없는 신념이나 주관이 생긴다. 웬만해서는 타협하거나 꺾이지 않는다. 그만큼 닳고 닳았다는 의미일 수도 있고 나름의 중심이 생겼다고 볼 수도 있다. 그런데 놀랍게도 철옹성 같은 나의 신념이 '밀당' 한번 없이 상대에게 스며들 때가 있다.

　나는 글을 쓸 때 첫 문장 고민을 꽤 오래 하는 편이다. 독자의 시선이나 생각을 사로잡을 기발하면서도 간결한 문장을 찾기 위해 주제를 정해놓고도 쓰지 못할 때가 많다(그렇다고 내가 쓴 첫 문장이 모두 마음에 들었다는 말은 아니다). 천 리 길을 가려 해도 한 걸음부터 떼야 하듯 글을 써 내려가려면 첫 문장을 써야 한다. 이 당연하고도 필연적인 단계를 통과하기 위해 적지 않은 공을 들이지만 언제나 만만치 않다. 아무리 고민해도 첫 문장의 벽을 넘지 못할 때 자신과 타협점을 찾는 게 '읽기'다.

글이 잘 써지지 않을 때 나는 책을 읽는다. 써지지도 않은 글을 쓰기 위해 온종일 빈 화면과 씨름하느니 남의 글을 탐닉하며 내 말이 이 말이라고 마치 내가 쓴 양 우쭐함에 취하곤 한다. 내 말이 그 말이라고 똑같이 쓴다면 당연히 표절이지만 작가의 글을 마중물 삼아 나는 내 글을 쓴다. 언젠가 김유미 작가의 《문장수집》을 읽었다. 기발한 카피로 재미와 영감을 동시에 주는 작가는 소설에서 카피를 카피한다고 한다. 《책은 도끼다》, 《여덟 단어》를 쓴 작가로 더 유명한 박웅현 카피라이터 역시 책에서 업(job)과 관련한 많은 영감을 얻을 뿐만 아니라 책을 통해 삶을 조망한다고 한다. 그러고 보면 이 세상에 완전한 창조는 없는 듯하다.

그래서일까. 나는 책을 읽는 중에 글이 더 잘 써진다. 책을 읽다 우연히 마주한 한 문장에 꽂혀 종일 머리로 쓰고 또 쓴다. 집어넣기만 한 문장들이 산발적으로 머릿속을 떠다니다 정갈하게 정리된 누군가의 글로 내 머릿속 문장들이 제자리를 찾는 순간이다. '그래 내가 하고 싶은 말이 이거야.' 내가 느끼는 감정을 내 글로 옮기지 못하는 갑갑함. 아무리 쥐어짜도 지금 이 느낌 그대로를 전달할 방법이 없어 쩔쩔맬 때 구세주처럼 생각의 물꼬를 터주는 타인의 문장이 있다. 이럴 땐 가차 없다. 재빨리 노트북을 열던가 메모장을 꺼내야 한다. 그 찰나를 놓치면 내 글은 사라지고 남의 글만 남는다.

쓰기를 위한 읽기처럼 읽기를 위해 몸을 쓸 때도 있다. 두 발로 땅을 밟으며 세상을 읽는 산책이다. 마흔의 체력은 예전만 못해 적절히 에너지를 분배하지 않으면 어김없이 탈이 난다. 중간이 없는 나란 여자도 마흔의 신고식을 치르고서야 조금씩 변하기 시작했다. 밤새워 책을 읽는 일 같은 건 이제는 할 수 없다. 쓰기에 비하면 읽기는 그나마 수월하지만 마흔의 읽기는 예전과는 다르게 꽤 힘을 쓰는 일이다. 글자만 읽는 게 아니라 문장이 담고 있는 메시지와 행간의 의미, 그리고 내 삶을 함께 읽어내야 하기 때문이다. 그래서 한 번에 많이 읽을 수도 없고 그렇게 읽기도 원치 않는다.

한번은 정여울 작가의 《상처조차 아름다운 당신에게》를 읽는데 진도가 나가지 않는 거다. 어려운 책도 아니었고 컨디션도 괜찮았는데 말이다. 마지막 책장을 넘기며 알았다. 나는 책을 읽은 게 아니라 나 자신과 만나 이야기를 나눴구나. 책을 읽으며 작가의 문장을 따라 나는 과거의 나, 내 안의 나를 수시로 불러내야 했다. 무의식 속에 자리하고 있던 '내면 아이'가 현재의 나를 잡아당겼다. 한 문장 한 문장이 단순한 텍스트가 아니라 나를 향한 속삭임이자 가시였다. 그러니 진도가 나가지 않을 수밖에. 내가 마주해야 하는 내면 아이는 편하게 만날 수 있는 그런 존재는 아니었다. 불안에 휩싸인 내면 아이를 끌어낸 이후 나는 그 아이를 지금까지처럼 내버려둘 수 없었다. 그 아이가 왜 떨고 있는지, 왜 그렇게 힘든지 원인을 찾아내 그를 쓰다듬고 끌어안아야 했다. '그랬구나. 힘들었겠다. 무서웠겠다.' 수없이 토닥였다. 한 단락을 읽고 나에게 다가가고 그런데도 감정이 진정되지 않을 때는 집 근처 공원으로 나갔다. 나는 읽고, 걷고, 썼다. 조금씩 나의 내면 아이가 나를 바라보기 시작했고 나 역시 그 아이를 정면으로 응시할 수 있게 되었다. 일곱 살의 어린 내가 삼십 년이 훌쩍 지나서야 보이기 시작했다.

왜 알아주지 않았을까. 다른 사람들에게는 억지로라도 친절을 베풀면서 스스로에게는 왜 그렇게 냉정하게 굴었을까. 나는 책을 읽었다기보다 책을 통해 나를 알아차리고 있었다. 나에게 친절을 베푸는 시간이었다. 책을 덮으며 다짐했다. 가장 다정하게 돌봐야 할 상대는 나 자신이라고.

3장

마 흔   쓰 기

마흔이 되니 좋은 게 많아졌다. 이전에 보이지 않던 게
보이고 보이던 게 보이지 않는다. 마흔이 되니 제법 어른 냄
새가 난다. 그러나 영혼은 어린이였으면 좋겠다. 마흔이
되니 내가 누군지 궁금해졌다. 다행히 방법을 찾았다.

억울한 건
못 참지

나는 해양경찰이다. 흔치 않은 직업이다. 한 번 들으면 누구든 나를 다시 쳐다본다. 놀라움과 호기심일 때도 있고 부러움일 때도 있다. 특별한 직업이고 안정된 직장인데 나는 내 직업이 그리 마음에 들지 않는다. 위계에 눌려 지시에 따라야 하는 경직된 조직 문화가 싫고 카스트 제도처럼 계층이 존재하는 게 싫다. 똑같은 제복을 입었으나 어깨에 달린 계급장에 따라 나는 존중받는 사람이 될 수도, 그렇지 않은 사람이 될 수도 있음을 왕왕 경험한다. 회의에서 발언 순서나 식사 자리에서 음식을 놔주는 순서가 계급에 따라 달라진다. 본인보다 계급이 낮은 걸 알면 바로 말투가 바뀌는 사람도 있다. 계급이 높으면 많이 말하고 계급이 낮으면 많이 듣는다. 출신 학교나 입직 경로에 따라 보이지 않으나 존재하는 허들이 있다. 과거 어떤 상사는 대놓고 간부(경위) 출신이 순경 출신보다 우월하다고 말하며 마치 자신은 모든 면에서 우수하다고 믿는 것 같았다. 은근히 자기 우월감을 드러내는 사람도 있고 대놓고 라인을 긋는 사람도 있었다. 그런 이들과 함께 근무할 땐 내가 왜 이런 대우를 받아야 하는지 이해하기 어려웠다. 그런데도 내가 할 수 있는 저항이라고는 혼자 삭히는 것밖에 방법이 없을 때, 모욕감을 넘어 스스로에 대한 실망감에 휩싸이기도 했다. 경험을 통해 미래도 크게 다르지 않을 거란 확신이 굳은살처럼 박였다. 이제 겨우 서른아홉, 직장생활 15년 차였다. 희망의 꽃망울을 터트려도 모자랄 나이에 시들어가자니 억울했다. 박차고 나오고 싶었지만, 그곳을 벗어날 준비가 되어 있지 않았다. 내가 있을 곳이 여기뿐이란 말인가.

어떨 때 숨이 쉬어지지 않나요?

갑자기요.

출근할 생각을 하면 숨이 쉬어지지 않아요. 출근하면서 생각해요. 언제까지 이래야 하나?

참고 참다 가까스로 찾은 병원 앞에서 얼마나 주저했는지 모른다. 제복을 입는 사람에게 마음의 병은 스스로 용납하기 힘든 심리적 저항선이 존재했다. 수십 번의 주저함 끝에 어렵사리 병원 문턱을 넘었지만 크게 나아지지 않았다. 의사는 들어줄 뿐 답을 줄 수는 없으니까. 책에 매달린 건 이때부터다. 정말 미친 듯이 읽었다.

들어올 수 있는 용량이 초과하자 쓰지 않고는 배겨낼 수 없게 됐다. 노트북을 열었다. 다행히 불안과 불만에 점철돼 있던 내가 다소의 안정을 찾기 시작한 건 쓰기 시작하고부터였다. 안정된 삶의 기반 위에 어째서 불안이란 감정을 짊어지고 사는지 안으로 깊이 파고들었다. 매일 새벽 노트북을 열고 의식의 흐름에 손가락을 맡겼다. 미사여구를 뺀 원초적 감정의 상태를 글로 옮겼다. 그리고 그 감정을 자세히 들여다보았다. 스스로 수긍할 수 있을 때까지 집요하게 묻고 또 물었다.

상사가 아홉 번의 보고서 수정을 요구했을 때 내가 느낀 건 수치심이었다. 무엇이 잘못됐는지 어떻게 수정하라는 건지 말하지 않은 채 '좀 더 세련된 표현 없어?'라고 말했을 때 말이다. 부당하다고도 부당하지 않다고도 말할 수 없는 모호한 경계선 위에 나를 올려놓고 낄낄거리는 것 같았다. 내 말과 행동에 건건이 딴지를 거는 그를 상대하자니 정신적으로 피폐해졌다. 그런 날이면 집으로 돌아가 더욱 쓰기에 매달렸다.

너는 저 상황에서 어떻게 하고 싶었어?
말하고 싶었지. 세련된 표현이 뭐냐고. 당신이 시범을 보여달라고.
그런데 왜 말하지 못했어?
말해봤자 내가 손해니까. 상사한테 대든 무례한 직

원이 될 테니까.

어떻게 하고 싶었어?

같이 근무하기 싫었어. 더 있다가는 내가 나를 미워하게 될 것 같았어. 무능하다고 생각됐거든.

앞으로도 이런 사람이 또 있을 수 있는데 그땐 어떡할 거야?

원하지 않은 환경에서 원치 않는 사람과 함께 있을 수밖에 없는 내 처지가 몹시 안쓰러웠다. 크고 작은 파고를 견디고 이제야 고요해진 바다를 만끽하려는데…. 억울함이 썰물처럼 밀려왔다. 꽉 움켜쥔 삶의 희망들이 모래알처럼 빠져나갔다. 다시 주워 담을 수 있을까?

매일 새벽 글을 썼다. 위로가 필요했고 기운을 차려야 했으니까. 비단 그 사람 때문만은 아니었다. 그 시기 나를 덮친 삶의 물음이 쓰지 않을 수 없게 밀어붙였다. '나답게' 살고 싶은데 나다운 게 뭔지 내가 생각하는 나는 진짜 나인지 헷갈렸다. 어쩌면 스스로 인지

하지 못하는 내면의 열등감이 외부의 자극으로 터져 나온 건 아닌지. 그런데도 지우고 싶은 순간과 불편한 감정을 끄집어 올린 건 단단한 삶을 살기 위한 간절함 때문이었다.

　어느새 빈 화면은 빠져나간 모래알로 채워졌다. 누구도 의식하지 않았다. 심지어 스스로에게도 부끄러워하거나 꾸미려고 하지 않았다. 흰 화면이 검게 변해 갈수록 나는 편안해졌다. 속도를 내는 엑셀보다 멈추고 싶을 때 멈출 수 있는 브레이크가 안전에 있어 중요하듯 단단한 삶을 살기 위해서는 달리는 일보다 멈추고 천천히 자신을 들여다볼 수 있는 시간이 꼭 필요하다. 보이는 삶의 단면은 보이지 않는 것의 축적으로 결정되기도 하니까.

5그램의

힘

온라인 커뮤니티에서 새로운 프로젝트를 발견했다. 기수제로 운영되는 글쓰기 모임인데 백 일 동안 매일 A4 반쪽 분량 글을 쓰는 거다. 직업, 가족, 취미, 좋아하는 책 등등 자신과 관련된 주제라면 무엇이든 상관없단다. 그렇지 않아도 매일 블로그와 브런치에 글을 발행하고 있었으니 딱히 부담스러운 일은 아니었다. 게다가 툭하면 백일 프로젝트를 자발적으로 추진하는 '프로 자기계발러'가 아닌가.

매일 같은 행위를 한다는 건 생각보다 큰 힘을 지닌다. 누가 시키지 않은 일, 돈이 되지 않은 일을 매일 반복한다는 건 결국 언젠가는 꼭 해야만 하는 일은 아니었을까. 처음 한 달은 쉽게 쏠 수 있었다. 일상이 글감이었고 휴직 중 아이들과 매일 집에서 복작대는 통에 에피소드 하나쯤 찾아내는 건 일도 아니었다. 한 달 두 달이 지나자 차츰 일상의 글감은 생기를 잃었다. 아이들 에피소드도 바닥났다. 그 무렵 주어진 주제가 '나'였던 덕분에 외부가 아닌 나의 내면으로 시선을 틀 수 있었다. 희한한 일이었다. 글을 쓰기 위해 나와 관계된 것들을 자세히 들여다볼 수밖에 없게 되자 그제야 '내'가 보이기 시작했다. 끄적이기를 좋아하고 음식 만들기를 좋아하고 그림을 그리고 싶었던 이유. 타닥타닥 키보드를 두드려 생각을 짓고, 손가락이 움직이는 대로 음식이 만들어지고, 하얀색 캔버스가 알록달록 물들어 가면 나는 자유로웠다. 훨훨 나는 새처럼 자유로웠다. 정해진 틀 없이 표현하고 싶은 대로 느끼는 대로 무언가를 만들어 내는 기쁨을 온전히 누렸다.

매일 글을 쓴 지 50일쯤 됐을 때 합평회를 했다. 내 글을 소리 내 읽어본 적이 있었던가. 그것도 사람들 앞에서 말이다. 일면식도 없는 사람들과 그저 함께 글을 쓴다는(정확히는 각자의 글을 쓴 거지만) 이유만으로 한 자리에 모인 거다. 그동안 각자의 은밀한 사생활, 감추어두었던 내면의 감정까지도 글을 통해 마주했던 사이라서 그랬을까. 글은 우리를 무장해제 시켰다. 자신의 글인데 차마 읽어내지 못하고 어깨를 부르르 떠는 이도, 타인의 글을 들으며 조용히 휴지를 꺼내는 이도 있었다. 상황을 세밀하게 표현한 글을 듣자니 한 편의 그림이 영화처럼 눈앞에서 그려졌다. 바다를 좋아했지만, 바다를 떠나 사는 글쓴이 아버지 이야기 속에는 일터에서 숱하게 만났던 어민들의 모습이 스쳐 갔다. 바닷일을 하는 어민들은 바다를 좋아해서 바다에 남았을까? 바다를 사랑했던 소년이었던 아버지는 바다에 남았어도 바다를 좋아했을까? 참 묘한 경험이었다.

합평회라고 하면 각자의 글에 관한 토론과 평가가

오가야 했지만, 서로에 대한 배려인지 불편함을 만들고 싶지 않은 방어기제인지 감동과 칭찬 일색이었다. 글이란 저자가 쓰지만 결국 독자가 읽는다. 독자의 의견을 충분히 전해 듣는 게 저자로서 건전한 자극이 되었겠지만 훈훈한 덕담 덕분에 처음이자 마지막 합평회는 따뜻했다. 합평회 이후 댓글을 다는 손길에 이전과는 다른 애정이 더해졌다. 벌써 3년을 꽉 채운 만큼 시간이 흘렀지만, 여전히 서로의 안부를 묻고 때로는 글로 책으로 만나는 '글벗'이 되었다. 그때 함께 글을 쓴 이들 중에는 나를 포함해 벌써 여러 명의 출간 작가가 탄생했다.

두께에 따라 약간 차이는 있겠지만 A4 한 장의 무게는 4.7~5g 정도라고 한다. 종이 한 장의 무게를 실감하기란 보통 예민한 감각을 가지지 않고서는 어려운 일이다. 하지만 매일 A4 한 장의 글을 쓰다 보니 그 무게가 가볍지 않음을 알게 된다. 글을 품은 종이는 더는 물성의 종이가 아닌 누군가의 '삶'이기 때문이다. 한때 내가 진행했던 프로젝트 이름이 '꾸.꾸.꾸.'

였다. 꾸역꾸역이라도, 꾸준히, 꾸밈없이 하자는 의미로 앞 글자만 따서 '꾸꾸꾸'. 엄청난 성공을 위해 대단한 결심과 과정이 필요한 건 아니다. 시나브로 그저 흩어져 있는 매일의 반복이 구체적 성과로 귀결되는 일이 생각보다 많다. 종이 한 장은 체감할 수 없는 존재에 지나지 않지만, 종이 한 장이 모여 책이 되듯이 지속적인 힘의 축적은 삶의 궤적을 쌓아간다. 한 장의 힘은 미약하지만, 책 한 권의 힘은 적지 않음을 알기에 나는 매일 종이 한 장에 삶을 옮겨놓는다.

써야만

하는

이유

    글자를 쓰기 시작하면서부터 무언가 끄적이는 걸 좋아하는 아이였다. 초등학생 때 매일 일기를 썼고 중고등학생 땐 이따금 썼다. 대학생 때는 일정표가 추가된 다이어리를 항상 가지고 다녔다. 버리기 좋아하는 성격이 아니었다면 지금쯤 꽤 쓸만한 자산이 됐을 텐데 영 아쉽다. 성인이 된 후에도 메모지나 블로그, SNS 어딘가에 여전히 끄적인다.

'나는 왜 쓸까?'

몇 년 전부터 나는 내가 하는 행동에 반드시 '왜'라고 묻고 스스로 답을 할 수 없다면 행동에 옮기지 말자고 다짐했다. 새벽에 일어나 책을 읽고 운동하고 재테크 강의를 듣고 영어 공부를 하는 모든 행동에 명분이 있어야 했다. 남들이 하니까, 그저 좋아 보여서 하기에는 시간도 에너지도 부족하니까. 쓰기를 멈추지 않는 이유, 더 정확히 말하자면 쓰기를 멈추지 못하는 이유가 분명 있을 텐데.《뼛속까지 내려가서 써라》의 저자 나탈리 골드버그는 글쓰기에 왜라는 질문은 중요하지 않다고 일갈한다. 그저 자신이 글쓰기를 원한다는 사실을 아는 것만으로 충분하다고. 그러니 이유를 묻지 말고 계속 쓰면 된다고.

자발적 쓰기든 그렇지 않은 쓰기든 쓰기는 꽤 고단한 작업임은 틀림없다. 꾸부정한 거북목을 한 채 오랜 시간 앉아있어야 하는 육체적 고단함은 물론이다. 흰여백을 채워야 한다는 중압감이 밀려올 때마다 오롯이 그 무게를 홀로 감당해야 한다는 정신적 고독감도 만만치 않다.

"내가 왜 좋아?"

"그냥…… 너니까."

이런저런 이유로 좋은 게 아니라 존재 자체로 충분하다는 말처럼 왜 쓰냐는 질문에 나는 그럴싸한 명분을 내놓지 못했다. 그런데도 쓰는 삶을 살겠다고 다짐했고 '쓰는 사람'이라고 자처해 버렸다. 쓰면 쓸수록 나는 쓰고 싶어졌다. 쓰기의 고통보다 쓰기가 주는 기쁨이 크다는 걸 알아버렸으니까.

지금 사는 아파트에는 수영장이 있어 샤워장이 있다. 어릴 적 일요일마다 갔던 대중목욕탕과 흡사하다. 운 좋은 날 새벽엔 넓은 그 공간을 혼자 쓴다. 내가 좋아하는 물의 온도는 41.8℃다. 몸을 담갔을 때 옅은 신음이 터져 나오는 뜨끈한 그 온도. 새벽 탕 속에 앉은 순간이야말로 하루 중 가장 고요하게 나에게 집중할 수 있는 시간이다. 오후 사우나는 새벽과는 판이하다. 갖가지 이야기들이 사방에서 울린다. 너도나도 자기 에피소드를 꺼내놓으니 샤워장은 도떼기시장 같다.

눈을 감지만 귀는 절로 쫑긋 세워진다. 이게 다 글감이라서. 솔직히 고백하면 이전에는 이 모든 게 소음이었다. 조용히 탕에 있고 싶은데 듣고 싶지 않아도 들려오니 이건 고역이 따로 없었다. 하지만 이제는 얼마나 유용한 글감인지 모른다.

지금의 모습, 그러니까 중년의 나를 구체적으로 생각해 본 적 없다. 사회상규에 벗어나지 않는 '평균'에 빗댄 모습을 짐작했을 뿐이다. 대학에 가야 하고 취업을 해야 하는 것처럼 당장에 해결해야 하는 일들에 매몰돼 허둥대며 살았다. 그것이 '열심'이라 여기며 말이다. 그러나 외부 환경에 따라 나는 요동쳤다. 작은 일에도 쉽게 흥분했고 또 언제 그랬냐는 듯 잊었다. 당장 눈앞에 놓인 일들에 천국과 지옥을 오가며 얼마나 경망스럽게 행동했던가. 그렇다고 이제는 '절대' 그렇지 않다고 말할 수 없다. 쓰는 사람이 되고자 한 뒤로 '덜' 요동치는 사람이 '되어 가고' 있는 중이다. 일상의 단면들을 통해 삶의 희로애락, 그사이 촘촘히 박혀 있는 의미를 알아채려고 노력한다. 일종의 '깨어

있음'이다. 살아있으나 죽은 듯이 사는 사람이 얼마나 많은가.

쓰기를 통해 나는 자유를 얻었다. 마침표를 찍을 때 후련함이란 글의 완성도와는 무관하다. 겨우 15cm 한 뼘밖에 되지 않는 한 문장을 완성하기까지 우여곡절은 조금 과장하자면 인생의 희로애락을 맛보게 한다. 마침표를 찍을 듯 말 듯 쓰고 지우고를 반복하며 겨우 한 문장을 완성하지만 이마저도 살아남을지는 장담할 수 없다. 그저 지리멸렬한 쓰기의 과정에서 나를 붙잡고 있던 무언가를 털어내고 봉합한다. 쉽게 꺼내보일 수 없었던 감정이나 지워버리고 싶은 순간 역시 글로 옮겨지는 사이 희석되고 순화된다. 어떤 위로나 격려 없이도 스스로 다독이며 자신을 어루만진다.

쓰기는 주도권을 갖는 거다. 타인의 언어나 생각이 아닌 나의 언어와 생각이 내 세상을 넓혀간다. 글을 쓰기 위해서는 반드시 생각이란 걸 해야 하고 그걸 논리적이든 감성적이든 풀어내야 한다. 그 과정에서 우리는 자신의 언어를 만들고 기성 언어에 새로운 의미를 부여하며 언어를 재창조하기도 한다. 내가 창조적인 인간이 되는 순간이다.

부루마블 게임을 좋아했다. 내가 장악한 국가와 도시가 늘어갈수록 활동할 수 있는 세상이 넓어진다. 그만큼 나는 편안한 상태로 세상을 돌아다닐 수 있게 된다. 쓰기는 땅따먹기다. 내가 장악할 수 있는 사유의 영역이 넓어질수록 사고는 유연해지고 통찰은 깊어진다. 같은 의미의 단어라도 작가는 어떤 단어를 문장에 담을지 고심한다. 이 문장에 적확한 의미를 전달할 적합한 단어를 찾는 데 공을 들인다. 단어를 골라 다듬고 또 다듬는다. 언어를 다듬는 건 내 삶을 다듬는 것과 비슷하다.

아직은 대단한 문장력도 남다른 시선이나 사유의 깊이가 충분하지도 내 글을 기다리는 독자가 있는 것도 아니지만, 나는 시도 때도 없이 쓴다. 보여주기 위한 글이 아닌 나를 위한 글을 쓴다. 솔직히 말하자면 나 좋자고 쓴다. 그러니 쓰기가 재밌다. 쓰기 시작하고부터 숨이 쉬어진다. 드디어 알아냈다! 내가 쓰는 이유.

  나는 '나답게' 살려고 쓴다.

연신 손끝을 움직여 화면을 헤집고 다닌다. 별것 없는 걸 알면서도 눈과 손은 한시도 가만히 있지 못한다. 유발 하라리는 2040년이 되면 우리가 알고 있는 것 중 하나만 빼고는 모두 쓸모없어진다고. 유일하게 쓸모가 있는 지식은 자신에 대한 앎뿐이라고 말했다. 그의 말이 사실이라면 우리는 지금 참 쓸데없는 일에 전심을 다 하는 거다.

이십 대 후반 결혼했고 삼십 대 초반에 엄마가 됐

다. 돌아보니 지난 십 년은 '나'는 없는 시간이었다. 아이를 키우는 건 나 더하기 아이가 아니라 엄마 자신이 소거돼야 비로소 아이라는 생명이 존재하는, 말로는 다 설명할 수 없는 고단한 과정이다. 365일 24시간 누군가를 보호하고 지켜야 한다는 게 얼마나 무거운 책무인지. 여유 있는 식사? 목욕? 쇼핑? 이런 게 가당키나 한가. 늦잠은커녕 아플 수도 없는 게 부모다.

"우린 언제 같이 놀아?" 큰애가 세 살 땐가 남편이 물었다. 그 흔한 극장 데이트조차 여의치 않자 참고 참다 한마디 한 거다. 남편은 그 한마디로 부성애가 부족한 거냐, 철은 언제 드냐, 생각은 있냐 등등 동갑내기 아내가 쏟아내는 속사포 같은 꾸지람을 들어야 했다. '십 년.' 아이가 열 살이 되면 그때 맘껏 놀자고 했다. 네 살 터울 둘째가 생길 줄 몰랐지만 십 년이 조금 더 걸렸다.

삼십 대 끝자락이었다. 느닷없이 태풍이 몰아쳤다. 정신없이 아이 둘을 키우고 그제야 조금 짬이 생겼을 때다. 대학을 졸업한 그해 직장인이 됐다. 직장인이 되고 3년이 지나 결혼했고 또 3년이 지나 엄마가 됐다. 잠깐의 공백기도 없이 사십 대를 맞았다. 이제 좀 여유가 생기나 싶을 찰나 이렇게 사는 게 맞는지 나란 사람은 어떤 사람인지 인생의 근원적인 물음들이 폭우처럼 날아들었다. 거기다 이 사람 저 사람에게 치이다 보니 숨 좀 돌리나 싶었다가 숨이 쉬어지지 않을 지경이 되었다. 몇몇 지인에게 심경을 토로해도 봤지만 돌아오는 대답은 '그냥 살아'였다. 그냥 살아… 그냥 살자… 그냥 살아지면 그런 질문들이 찾아오지도 않았겠지.

나를 알고 싶어졌고 찾고 싶어졌다. 자신을 찾자니 스스로에게 집중할 시간이 필요했다. 일하는 엄마인 내가 물리적으로 혼자 있을 수 있는 시간은 제한적이었다. 아이들이 어느 정도 컸어도 엄마라는 사람은 혼자만의 시간이 쉽게 허락되지 않는다. 결국 일찍 일어나는 수밖에. 내가 새벽 기상을 선택한 이유다. 새벽은 신비로운 시간이다. 새벽 네 시, 조용히 침대를 빠져나와 방문을 열고 거실로 나왔다. 어제의 그 왁자지

껄했던 공기는 모두 사라지고 차분히 가라앉은 거실의 공기가 조용히 나를 맞아준다. 약간은 차가운, 그래서 나를 맑게 깨우는 새벽 공기는 명징한 창밖의 풍경과 참 잘 어울렸다. 그런 새벽을 나는 사랑했다.

모두가 잠든 시간 홀로 깨어 가만히 창밖을 바라보면 세상을 다 가진 기분이 들었다. 좋아하는 커피를 내리고 읽고 싶었던 책을 읽었다. 책 읽기를 건너뛰는 날은 있어도 글을 쓰지 않은 날은 단 하루도 없었던 것 같다. 노트북을 열고 키보드 위에 손가락을 올리면 내의지와 상관없이 손가락이 제멋대로 움직이기도 했다. 말이 되는지 안 되는지 비문인지 아닌지 신경 쓰지않았다. 과거의 어떤 사건이나 감정이 나를 여기저기데리고 다니기도 했고 미래를 향해 벅찬 기대와 희망을 안겨주기도 했다. 잘 써야겠다는 욕심만 내려놓으면 쓰기는 명상과 다를 바 없다. 순간 올라오는 생각이나 감정에 관해 스스로 묻고 답하다 보면 어느새 자신의 심연으로 쑥 빨려 들어간다. 누군가의 의견이나 감정을 묻는 건 그만큼 그를 존중한다는 의미인데, 스스로 감정과 생각을 묻는 것 역시 자기를 아끼는 일이 된다. 그러니 마흔의 쓰기는 홀로 서는 자립이자 자기애다. 유일하게 누구의 방해도 받지 않고 내가 원하는 일을 할 수 있는 시간, 새벽! 나는 그 새벽, 홀로 있는 시간이 무척 좋았다. 그렇게 혼자 서재에 앉아 글을 쓰는 나 자신을 사랑했다. 아름답고 좋은 기억도 떠올랐지만, 쓰지 않았다면 알 수 없었을 무의식 속 부정적 기억마저도 기꺼이 건져 올렸다. 당시에는 지긋지긋했지만 이제 그 기억은 내 마음이 뜯어먹기 좋아하는 좋은 풀밭이 되었다고 말한 조지 오웰의 말을 위안 삼아.

해가 뉘엿뉘엿 넘어가는 오후였다. 맨몸으로 황급히 뒷문을 빠져나가는 엄마와 마주쳤다. 어린아이였지만 알 수 있었다. 엄마가 나를, 아니 우리 가족을 떠나려 하는구나. 술만 마시면 입에 욕을 달고 있는 시아버지와 큰 며느리는 미워죽겠다는 시어머니, 새언니가 그냥 싫은 고모들과 형수를 가정부쯤으로 아는 시동생들. 엄마는 참 모진 시집살이를 했다. 나를 보고 놀라는 기색이 역력한 엄마와 엄마 앞을 막아선

나. 두 눈 가득 머금은 눈물이 속절없이 내 볼을 타고 흘렀다. 가만히 나를 보듬는 엄마의 손을 잡고 집으로 들어왔다. 그날은 아마도 그녀의 임계치가 다다른 날이었나 보다. 가방 하나 없이 맨몸으로 집을 떠나려던 엄마를 내가 마주치지 않았다면 어땠을까? 엄마의 인내로 우리 가족은 다행히 해체되지 않고 유지됐지만, 그때부터였던 거 같다. 엄마가 내 옆에 없을 수도 있단 생각이 든 건.

하도 죽은 듯이 자서 나는 종종 잠든 엄마의 코 아래 검지를 갖다 대곤 했다. 작은 검지로 엄마의 미세한 숨결을 확인한 후에야 안심하곤 했다. 어린 내게 세상 전부인 엄마가 죽을 수도 있다는 생각, 나를 떠날 수도 있다는 생각은 나라도 엄마를 지켜야 한다는 각오로 변했다. 하지만 엄마가 울면 휴지를 갖다주고 엄마의 푸념을 들어주고 집안일 하는 엄마 옆에 쪼그리고 앉아 조잘조잘 말벗이 되어 주는 일, 엄마를 향해 모진 소리를 해대는 할아버지를 몰래 노려보는 일 정도가 내가 할 수 있는 전부였다. 갖은 욕설과 무시를 속수무책으로 당하기만 하는 엄마를 보며 얼마나 분노했는지 모른다. 내 분노의 화살은 조부모와 아빠의 형제들뿐만 아니라 아빠에게도 향했다. 어린 시절 기억과 감정은 내 마음 어딘가에 여전히 남아 있나 보다. 남편에게서 아빠의 모습이 보일라치면 너무도 사납게 그를 몰아붙인다.

어린아이였던 '나'는 이제 성인이 되었다. 몸은 컸지만, 여전히 '어린 나'의 모습을 품은 채 살아왔다는 걸 글을 쓰며 알게 됐다. 이제 엄마는 내가 온몸으로 지켜주지 않아도 된다. 나도 더는 '씩씩하고 강한' 페르소나 뒤에 숨지 않아도 된다. 누구나 기억하지 못하는 과거의 아픔이 있기 마련이다. 나는 쓰기를 통해 그걸 알아차렸다.

며칠 전 해가 지는 늦은 오후 엄마와 공원을 돌았다. 엄마에게 불안에 떨며 울고 있는 '일곱 살 지현이'에 대해 털어놓았다. 그때 나는 너무 무서웠고, 외로웠다고. 아무 힘도 돼주지 못하는 스스로가 원망스러웠고, 한편으로 어린 내게 자신의 고통을 보여주는 엄마가 버겁기도 했다고. 나는 엄마를 너무 사랑하지만, 엄마 때문에 때때로 힘들었다고. 엄마는 미안하다고 했지만 나는 정말 후련했다.

　삼십 년도 더 지난 일이다. 여태껏 인지하지 못한 채 살았지만, 과거의 상처가 글을 쓰며 들춰지고 그래서 또 아팠지만, 불안의 실마리가 되었던 사건들을 내 손으로 해결할 수 있게 되었다. 여전히 글을 쓰면서 피하고 싶었던 장면에 들어가 있는 나를 종종 마주한다. 괴롭고 힘든 순간이지만 결국 우리는 자신의 '문제(pain point)'에 대해 쓰게 된다는 걸 또다시 확인한다. 경중의 차이가 있을 뿐 저마다 가슴 속 숨겨진 응어리 하나씩은 있기 마련이다. 알아야 할 진실 혹은 덜 아문 상처를 마주한다는 건 쉽지 않은 일이다. 회피가 회상보다 쉽다. 쉬운 길 놔두고 어려운 길로 돌아가려는 사람은 많지 않지만, 남들은 피하는 그 어려운 길을 정면으로 뚫고 가는 이에게는 누구나 가질 수 없는 삶의 견고함이 생긴다. 당신에게도 쉽게 꺼내놓을 수 없는 당신의 이야기가 있다면 들추지 않을 테니 한번 써보는 건 어떨까?

　스무 살을 학수고대하는 내게 엄마가 그랬다. "스무 살까지가 제일 시간이 안 가지. 스무 살 넘어봐라. 30대는 시속 30km, 40대는 40km, 50대는 50km로 간다." 시간의 절대적 속성은 변하지 않는데 나이에 따라 시간의 속도가 다르게 느껴진다는 말을 그때는 이해하지 못했다. 익숙한 게 많아질수록 시간은 더 빨리 흘러가는 듯하다. 일상의 시간과 낯선 곳에서 시간이 다르게 느껴지는 것도 어쩌면 같은 이유일지도. 매일 여행하며 살 수도 없고 세월을 거슬러 갈 수도 없는 노룻인데 이를 어쩐담. 시간이 느리게 흘러간다면 천천히 나이들 수 있을까? 물리적 시간은 어쩔 수 없다지만 나만 느낄 수 있는 나만의 시계가 있다면 좋겠다.

초등학교를 졸업한 지 삼십 년이 넘었다. 이런저런 추억을 공유한 친구들과 일 년에 한두 번 모임을 한다. 한번은 마땅한 장소가 없어 백화점 식당가로 장소를 예약했더니 만나자마자 같은 소리를 한다. "백화점 몇 년 만인지 모르겠어. 요즘은 옷도 신발도 물욕(物慾)이 없어." 물욕의 대상이 달라졌을 뿐 물욕이 전혀 없지 않다는 걸 안다. 옷이나 신발보다 집이나 차, 뭐 이런 덩어리가 큰 것들에 마음이 가는 나이가 돼버렸다.

나이가 들면서 물욕만 감소하는 건 아니다. 어릴 적 그 많던 호기심이 사라졌다. 세상에 관심이 줄었다고 해야 할까. 예전에는 별게 다 궁금하고 신기했는데 언젠가부터 나와 직접 관련 없는 일들에는 놀랍도록 무뎌진다. 좋은 점도 있다. 남들 다 한다는 유행에서 거리를 둘 수 있는 것, 나의 취향이 생긴다는 것, 그건 그만큼 자신의 세상이 견고해지는 일이니까. 하지만 그만큼 메마른 인간이 되어가는 기분이 들기도 한다. 이성과 효율이 중요한 건 알지만 그것만으로는 채울 수 없는 감성이 인간인 이상 존재하기 마련이니까. 'T형'인 나도 때때로 이성만으로 채울 수 없는 그 무엇이 불쑥불쑥 찾아오곤 한다. 효율로 치자면 아무짝에도 쓸모없는 그것, 이를테면 기분이 울적한 날 문구점에 들려 앙증맞은 문구를 구경하는 것만으로도 마음이 달래 지던 그 시절 소녀였던 나처럼.

처서의 기적을 기다렸건만 여전히 땡볕 무더위가 가시질 않는다. 이럴 땐 에어컨이 가동되는 실내가 답이다. 밖이 잘 보이는 창가에 자리를 잡고 앉았다. 얼음을 가득 머금은 커피잔은 저도 더운지 물방울이 송골송골 맺혔다. 시원한 카페인이 목구멍을 타고 내려가니 좀 살겠다. 고개를 돌려 창밖을 보는데 이제 막 걸음마를 시작한 듯한 아기가 아슬아슬 걸어간다. 한 손으로 유모차를 밀며 다른 한 손으로는 아기 손을 잡으려는 엄마와 엄마 손을 뿌리치는 아이가 신경전을 벌인다. 당장이라도 넘어질 듯한 아이를 보며 엄마 손을 잡으면 좋겠다고 생각했다. 흔들흔들 걷는 아이는 끝내 엄마 손을 잡지 않고 제 갈 길을 갔다. 잠깐 사이 눈에 들어온 장면에 나는 얼른 휴대전화 메모장을 열었다. '위태롭게 걷는 아이, 손잡으려는 엄마'라고 적었다. 그리고 집으로 돌아와 그날 그 장면을 글감 삼아 내가 느낀 감정을 써 내려갔다.

어른 눈엔 위태롭게 보이지만 아이는 스스로 걷는 자기가 대견스러웠을 거다. 혹여 넘어지지 않을까 노심초사한 건 넘어지면 안 된다는 어른의 생각 때문이다. 아이는 넘어지면 안 된다고 생각하지 않았을 거다. 넘어져도 상관없다고 생각했을지도. 자신의 두 발로 가고 싶은 데로 갈 수 있다는 사실이 몹시 흥분됐겠지. 아이를 키우는 부모로서 마음과 행동이 따로 움직일 때가 있다. 아이에게 스스로 경험하고 깨달을 기회를 줘야 한다고 생각하면서도 기다려주지 않는다. 아이가 인생에서 경험할 좌절과 실패를 미리 없애주려 전전긍긍한다. 그게 결코 아이를 위하는 일이 아님을 알면서 아이의 작은 아픔마저도 눈덩이처럼 부풀려 아주 큰 고통으로 느껴버린다. 아장아장 걷는 아이가 끝내 엄마 손을 뿌리치고 자기 방식으로 걸어갔듯 아이의 속도대로 기다려주자 다짐하며 마침표를 찍고 노트북을 덮었다. 엄마의 도돌이표 같은 반성과 결심을 아는지 모르는지 한껏 흥분해 게임을 즐기는 아이의 머리를 어루만졌다.

나이가 들수록 호기심도 줄고 체력도 떨어지고 감성도 부족해지지만 쓰는 사람은 일상에 세심한 주의를 기울이게 된다. 글을 쓰기 위해서는 남들이 보지 못한 걸 볼 줄 알아야 하고 듣지 못한 걸 들을 수 있어야 하니까 의식적으로 자세히 보고 잘 들으려 노력한다. 쓰는 삶을 살겠다고 결심한 순간부터 나는 손뿐 아니라 눈, 코, 입, 머리로도 글을 쓴다. 그렇다고 종일 글감만 생각하는 건 아니지만, 자세히 보아야 아름다움을 발견할 수 있듯이 여느 때와 똑같은 일상의 풍경 속에 의미를 담고 나를 찾으려 조금 더 애쓰고 있다. 나는 그저 쓰기로 했을 뿐인데 쓰기는 내게 시간의 가속성을 덜어내 삶을 훨씬 여유롭게 해준다. 덕분에 세상을 향한 시들해진 시선에 호기심이 더해지고 호기심이 생기자 중년답지 않게 호기로워진다.

나도
말랑해질 수
있을까?

　줄곧 똑 부러진다는 말을 듣고 살았다. 지금도 그렇지만 과거에는 더 내 주장이 강했던 편이다. '모난 돌'까지는 아니었지만 겪지 않아도 되는 갈등도 왕왕 경험했다. 그 시절 나는 무색무취의 회색 인간을 혐오했다. 하지만 중년의 나이가 되니 색깔이 없다 못해 '투명한' 인간이 되고 싶어졌다.

　부서 이동을 했다. 정부 기관은 모두 정부업무평가를 받는다. 우리 부서는 그 평가에 대응하는 부서다.

기관평가에 대응하기 위해 소속기관을 포함한 각 기능 평가를 담당하는 부서이기도 하다. 평가부서이자 피평가부서인 셈이다. 그러다 보니 성과에 울고 웃는다. 이게 실적이 되느냐 마느냐를 가지고 옥신각신할 때도 있다. 그러다 보면 본의 아니게 언성이 높아질 때도 있고 감정이 상할 때도 있다. 지나고 보면 그렇게까지 기분 상할 일은 아닌데 말이다. 옆에 있던 팀장이 전화를 끊는 직원에게 물었다.

"그럴 땐 어떻게 하면 되는지 아나?"
"……."
"상대가 뭐라 하면 바로 답변하지 말고 한마디만 하면 된다. '그러게요!'

옆에서 듣던 나는 머리를 한 대 맞은 것처럼 띵했다. 그. 러. 게. 요. 단 네 글자로 갈등을 초래할 순간이 공감과 배려의 순간으로 탈바꿈됐다. 숨 한번 들이쉬는 시간이면 될걸. 순간 느껴지는 감정에 빛의 속도로 반응해 온 나였다. 일할 때만이 아니다. 일상에서도 가끔은 나 자신도 정확히 알지 못하는 분노가 끝도 없이 치밀어 오를 때가 있다. 물론 평온한 상태에서 갑자기 화가 치솟진 않는다. 분명 어떤 '거리'가 시발점이 된다. 문제는 '그렇게까지' 화가 날 일은 아닌데 화에 화가 더해지면서 폭발의 순간이 종종 온다는 데 있다(불행하게도 그런 종류의 내 화를 감당하는 건 '한 사람'의 몫이다. 지면을 빌어 심심한 사과의 말을 전한다).

나는 자기 얘기를 하지 않는 사람을 그다지 신뢰하지 않는다. 속으로 무슨 생각을 하는지 알 도리가 없기 때문이다. 그런 생각 때문인지 "나는 이런 걸 좋아해. 이런 걸 싫어해"라고 자주 언급한다. 그건 내가 이기적이어서가 아니다. 상대에 대한 내 방식의 배려다. 나는 이런 성향의 사람이니 굳이 이럴까? 저럴까? 고민하지 않아도 된다는 의미다. 내 의도가 제대로 전달되는지는 모르겠지만 상대의 수고를 덜어주려는 나름의 친절이다. 그러다 보니 자칫 나라는 사람의 색깔이 도드라져 보이기도 한다. 그게 누군가의 시선에선 이기적으로 보일 수도 있고 누군가의 처지에선 불편할 수도 있다.

최근에 나에게는 그날의 내 행동을 반추해 보는 새로운 습관이 생겼다. 과거엔 그렇지 않았는데 이상하게 근래에는 내 행동이나 말을 다시 곱씹게 된다. 그러면 한가지씩 마음에 걸리는 것들이 있다. '아, 이 말은 굳이 하지 않았어도 됐는데', '아, 이 행동은 거슬렸을 수도 있겠다.' 짐작해보는데 매일 아침 A4 반 페이지 분량의 글을 쓰고부터인 것 같다. 꾸준히 글을 쓰면 생길 수밖에 없는 당연한 결과이기도 하다. 나를 둘러싼 모든 세상이 글감이 되니 어제의 내 말과 행동 역시 피해 갈 수 없는 글감이 된다.

　공무원 업무 중 하나가 예산 대응이다. 중장기 예산은 물론 당장 내년 예산을 확보하기 위해 담당 공무원은 일 년 내내 자료를 만들고 기재부 사무관을 설득한다. 그날도 다음날 기재부 예산설명이 예정돼 있었다. 팀장을 대신해 우리 팀 업무를 설명해야 했다. 논리를 개발하기 위해 담당자와 묻고 답하는 과정에 "그렇게 대답하면 사무관이 이해하겠어?"라고 물었다. 당연히 악의는 없었다. 나는 그저 글자 그대로 물은 거였다. 그런 논리면 담당 사무관이 이해할 수 있겠냐고. 잠시 후 옆에 있던 다른 직원이 에둘러 나의 말투가 날카로웠음을 언급했다. 사실 그 직원이 그 말을 하기 전까지 나는 내 말이 뾰족했는지 인지하지 못했다. 다음 날 아침 글을 쓰며 생각했다. 언어의 쓸모는 화자가 아닌 청자에게 있음을.

매일 짧게나마 글을 쓰며 나를 돌아본다. 반추와 반성의 시간이 더해질수록 자책의 시간이 길어지는 걸 보니 나는 여전히 뾰족하고 딱딱한 사람인 게 분명하다. 똑 부러진다는 말이 똑똑하다는 말인 줄 알았는데 중년이 되고 보니 똑 부러진다는 말은 칭찬이 아닌 우려였다. 너 그렇게 똑(smart) 부러지게 지내다가 '똑' 부러진다고. 어지간한 건 넘길 수 있고 품을 수 있는 나이가 마흔을 훌쩍 넘긴 중년의 아량일 텐데 여전히 그렇지 않은 걸 보면 쓰기에 더 매진해야 할 것 같다. 다 큰 어른에게 누군가의 조언이나 충고가 쉽사리 받아들여지지 않음을 안다. 지나온 세월만큼 자기만의 신념이 단단히 자리 잡았을 테니 당연하다. 그러니 일부러라도 자각하고 자성하는 수밖에. 다행히도 중년의 글쓰기가 그 역할을 감당해 줄 수 있을 듯하다. '얼마나 많은 것이 내 단순함의 칼날에 잘려 나갔을까?' 프랑스 소설가 로제 그르니에 말을 기억하며 똑 부러지기 전에 조금 더 말랑해져 보자고 스스로 다짐해 본다.

아니면

말고

 치열한 경쟁 사회 속에서 자기표현 욕구가 강해져서인지 요즘은 글쓰기가 업(業)이 아닌 이들도 직업인처럼 글을 쓴다. SNS와 같은 디지털 플랫폼이 활성화되면서 자기 생각이나 의견을 드러낼 창구가 과거와 비교해 늘어난 이유도 작용했을 거다. 글쓰기라고 인지하지 않는 순간조차 우리는 쓰고 있다. 회사에서 보고서를 쓰고 소셜네트워크에 일상을 공유하는 일조차 쓰기의 일환이니 우리는 매 순간 '쓰는' 셈이다. 그러나 쓰기는 만만치 않다. 어떻게 써야 하는지는 차치하고라도 무엇을 써야 할지조차 막막하다. 쓰기를 업으로 하지 않는 우리가 그럼에도 불구하고 쓰기를 원하는 이유는 뭘까? 수고와 비교해 손에 잡히는 이익이 많지 않은데 말이다.

'지금과 달라지고 싶다.' 쓰는 사람들 모임에서 가장 많이 오가는 말이다. 쓰기는 현재에서 벗어나고 싶은 사람들이 찾는 일종의 돌파구인 셈이다. 출간을 원하는 사람들은 더더욱 그렇다. 내 이름의 책을 출간하면 지금과는 다른 세상이 펼쳐질 듯한 환상에 빠져 있다. 나도 그랬다. 20년째 경찰공무원인 직업인으로서의 내가 썩 마음에 들지 않았다. 고백하자면 이 일을 이렇게 오래 하게 될 거라곤 생각하지 않았다. 내게 맞는 길은 따로 있을 거란 착각에 오랜 시간 방황했다. 그래서 이것저것 닥치는 대로 배웠다. 현실에서 느껴지는 허들이 직업 탓인 것만 같아서. 하지만 몸부림치면 칠수록 불안만 커갔다. 증폭된 불안은 어느새 마음속 깊이 뿌리를 내려 현실에서의 나를 더욱 힘들게 했다.

해양경찰로서 정체성을 확고히 하든지 새로운 정체성을 만들든지 갈림길에 섰다. 내 선택은 후자였다. 해양경찰이 아닌 내가 나답다고 생각한 새로운 정체성을 만들고 싶었다. 그래서 쓰기로 마음먹었다. 왜 쓰기였는지는 모르겠다. 쓰다 보면 뭔가 보이지 않을까 어렴풋이 믿었다. 써야겠다는 결심이 섰지만 무엇을 쓸지 도통 방향을 잡을 수 없었다. 내게는 이렇다 할 반전의 서사도 특별한 재능도 없으니까. 평범해도 너무 평범한 인생이다.

그런 내가 책을 만들기 위해 글을 쓰기 시작한 건 누군가 내게 툭 던진 질문 때문이었다.

"왜 그렇게 배우세요?"

자기계발을 열심히 하는 내게 아무도 왜 배우느냐고 묻지 않았다. 심지어 나조차도 내가 왜 이렇게 무언가 배우는 데 혈안이 돼 있는지 의문을 품지 않았다. 공부는 많이 할수록 좋다는 환경에서 자랐다. 배움에 대한 열정은 칭찬받아 마땅한 일이지 결코 비난의 대상은 아니었다. 그 질문에 나는 배우기를 멈췄고 쓰기 시작했다.

　글쓰기 모임에서였다. A는 쓰고 싶은 글이 있는데 그 글은 쓸 수 없다고 했다. 자신의 이야기지만 동시에 누군가의 이야기이기도 해서. 그 글이 책으로 나오면 관련된 사람들이 상처받을 게 뻔하다는 이유에서였다. 대부분 자신과 가까운 가족이나 지인과 연관된 경우가 그랬다. 자기가 쓴 글이 누군가를 아프게 한다면 본인이 더 견디기 힘들 거라고 했다. B는 나처럼 자신의 직업이 마음에 들지 않다고 했다. 서비스업에 종사하는 그녀는 이제 더는 사람을 상대하는 게 버겁다고 했다. 자신의 감정을 숨긴 채 고객을 상대하자니 자기가 죽어가는 것 같다고. 이렇게 살다가는 정신병에 걸릴 것 같다고 울먹이기까지 했다. 더 늦기 전에 다른 일을 찾고 싶은데 그러려면 저서가 필요하다고 했다. 하지만 지금 하는 그 일을 빼고는 책으로 쓸 만한 이야기가 없다고 토로했다. 누군가 그에게 그가 벗어나고 싶어 하는 현재의 일에 관해 써보는 게 어떻겠느냐고 조심스레 제안했다. 당신과 같은 상황에 놓인 사람들이 많을 거라며 당신의 경험을 공유하면 좋겠다고. B는 주저했지만 결국 그다지 쓰고 싶지 않은 자기의 경험을 꾸역꾸역 쓰기 시작했다. 결과는 대반전이었다. 그는 그 책을 계기로 본인의 현업에서 '전문가'로 인정받으며 상처받은 이들을 위로하고 응원하는 강사의 길을 걷게 되었다. 모두가 그와 같은 결과를 기대할 순 없지만, 경험한 사람만이 아는 진솔함이 많은 이들의 마음을 움직였나 보다. 참 아이러니하다. 자신이 아니라고 극구 부정했던 그 지점에서 글이 시작되고 불안을 극복했으니 말이다. 하지만 분명 용기가 필요한 일이다. 원하든 원하지 않든 자신의 이야기를 글로 써 세상에 내놓는다는 건 참으로 큰 용기와 의지가 있어야 가능한 일이니까. 어쩌면 쓰기를 가로막는 저항 중 이게 가장 큰 이유일지도 모른다.

　단전부터 끌어올린 용기에 기대 쓰기를 결심했다 하더라도 정작 쓰려는 주제를 찾기란 생각만큼 쉽지 않다. 글쓰기 전문가들은 자신이 잘하는 일과 오래 한 일 중에서 주제를 찾으라 조언한다. 하지만 자신이 잘

하는 일이 어느 정도 잘하는 수준인지 확신이 서지 않고 오래 한 일은 잘해서가 아니라 어쩌다 보니 그렇게 된 경우가 다반사다. 대부분은 이 방황의 시간을 견디지 못하고 쓰기를 중단한다. 하지만 글쓰기는 막무가내 정신이 필요하다. 책을 출간하는 건 전혀 다른 문제지만 글을 쓰는 건 그렇다. 모든 상황과 조건을 고려해 글을 쓴다는 건 불가능에 가깝다. 지금은 그저 쓰기를 결심하는 것, 그리고 그것을 지속하는 것 이상 중요한 게 없다. 지금도 고민하는 이에게 나는 감히 말하고 싶다. 가슴 속 풀리지 않는 응어리가 있다면 지금과 달라지고 싶다면 삶의 주도권을 되찾고 싶다면 일단 쓰자고. 당신의 용기는 용서가 되고 당신의 의지는 삶의 의미가 될 테니까.

나무가 아닌

숲을

보고 싶어

크게 다르지 않은 일상, 그 안에 갇힌 나. 아침에 일어나 출근하고 일정대로 일하고 퇴근하고 잠자리에 든다. 간간이 여행을 가고 친구도 만나지만 그 역시 이전의 패턴을 크게 벗어나지 않는다. 지루한 일상이라고 탓하면서도 새로운 시도는 잘 하지 않는다. 똑같은 일상 똑같은 모습을 하고는 새로운 미래를 꿈꾼다. 어제와 같은 삶을 살면서 달라질 미래를 상상하는 건 도둑놈 심보라고 했는데 나 경찰 아니고 도둑인가.

변화를 결심하고 가장 먼저 내가 한 건 독서였다. 책에는 셀 수 없는 성공과 실패 사례, 새로운 지식과 정보가 넘쳐났다. 경외할 만큼 아름다운 문장과 도끼처럼 촌철살인 같은 문장은 또 왜 그렇게 많은지. 놀라고 깨우치고 감탄하고 탄복하며 몇 년을 책 읽는 재미에 빠져 지냈다. 그러던 어느 날 읽기만으로는 채워지지 않은 공허함이 느껴졌다.

머리가 복잡하거나 생각이 탁해질 때 나는 펜을 잡고 이것저것 끄적인다. 손이 가는 대로 생각을 맡기면 예상치도 못한 아이디어가 떠오르거나 전혀 새로운 결론에 도달할 때가 있다. 나는 생각이나 감정을 핸드폰에 아무렇게나 적는 습관이 있는데 시간이 지나 한참 전에 적었던 글들을 발견하다 깜짝깜짝 놀랄 때가 있다. 작정하고 적은 것도 아닌데, 상당 부분 현실이 됐기 때문이다. 버킷리스트처럼 작정하지 않았어도 내 무의식이 결국 나를 그렇게 만들어 놓는다는 게 신기하기만 하다. 글에는 힘이 있다고 하는데 이렇게 아무렇게나 쓴 글에도 자신을 움직이는 보이지 않는 힘이 존재하나 보다.

　사람은 자기가 보고 싶은 대로 보고 듣고 싶은 말만 들으려는 경향이 있다. 달면 삼키고 쓰면 뱉는다는 속담처럼 그게 인간의 속성이다. 얼마 전 교육을 듣는데 강사가 재밌는 이야기를 했다. '사자의 양육법에 관한 인간의 오해'라고 해야 할까? 밀림의 왕 사자의 강한 양육법은 유명하다. 갓 태어난 새끼 사자를 절벽 아래로 떨어뜨려 살아남은 새끼만 키운다고 알고 있지만 실은 그 반대라는 거다. 아무리 사자라도 태어난 지 얼마 되지 않은 새끼 사자는 그저 연약하고 작은 생명에 불과하다. 그래서 어미 사자는 사냥에 나가기 전 새끼들을 절벽 아래 안전한 곳으로 이동시킨 후 사냥을 마치고 돌아와 다시 새끼를 찾는다는 거다.

　강사가 사진 한 장을 보여준다. 단아한 한복을 입은 여인의 뒷모습이다. 이 여인에게는 자기 목숨보다 사랑하는 한 장수가 있었는데 전쟁터에서 크게 패한 후 임금에게 버림을 받았단다. 잘 나갈 때는 바빠서 일

년에 몇 번 만나지도 못했는데 이젠 심신이 만신창이
가 되어 여인의 수발을 받아야 할 지경에 이르렀다.
강사가 물었다. 당신이 이 여인이라면 어떤 선택을 하
겠냐고. 사랑을 지키자니 자신이 너무 힘들게 뻔하고
사랑을 버리자니 장수의 상태가 심각한 상황에서 교
육생들은 쉽게 대답하지 못했다. 그때 강사가 다시 물
었다. 여러분이 장수의 모친이라면 어떻게 하겠느냐
고. 1초의 망설임도 없이 모든 교육생이 장수를 거두
겠다고 했다. 사진 속 여인이 장수를 목숨처럼 사랑했
다는 말에 매몰되어 우리는 그 여인을 애인이나 아내
쯤으로 여겼기에 고민할 수밖에 없었다. 이처럼 살면
서 보이는 것에 치중한 나머지 본질을 간과하는 경우
가 얼마나 많은가.

　　쓰기는 현상에 가려 당장은 보이지 않는 본질에 가
까이 다가갈 수 있는 징검다리가 되어 준다. 일상에
치여 놓치고 사는 삶의 목적과 의미를 찾게 도와준다.
현재를 살아가는 내 모습을 투영하고, 미래를 향한 나
의 열망을 담아내는 창조적 행위여서 그렇다. 과거의

경험을 소환하기도 하지만, 그 경험을 재해석하고 새로운 시선을 더해 현재와 미래를 조망하게 만든다. 읽는 걸로는 결코 체득할 수 없는 치열함이 '쓰기'에는 존재한다. 한때 확언 쓰기가 유행한 적이 있었다. 자신이 바라는 문장을 종이에 옮기며 자기 삶에 주문을 거는 거다. 주문에 걸린 문장이 팍팍한 현실을 바꿔주길 바라는 간절한 마음으로. 나 역시 매일 새벽 주문을 걸었던 적이 있다. 팔이 아프게 주문을 적으며 진짜 이게 이루어질지 의심하지 않았다. 이루어졌으면 좋겠다고도 생각하지 않았다. '반드시' 그렇게 되리라 믿었다. 이런 글도 그럴진대 하물며 자기 내면에 집중해 진지하게 삶을 들여다보며 글을 쓰는 사람이 삶의 본질을 놓칠 수 있을까.

찰나의 끄적임에도 정신이 스며든다. 글을 쓴다는 건(가끔은 낙서에 불과해 보이는 것조차) 정신이 이끌고 몸이 미는 행위다. 쓰기는 내 안의 숨겨진 욕망을 구체화하고, 그 욕망이 실제로 이루어질 수 있도록 자신을 독려한다. 당장 눈 앞에 펼쳐진 삶의 고단함에 주눅 들지 않고 넓고 깊은 시선으로 삶을 바라보게 만든다.
그래서 나는 오늘도 글을 쓴다.

나는 책도 많이 읽고 글도 매일 쓴다. 심지어 어디 가서 말 못 한다는 소리를 들어본 적도 없다. 그런데 최근에는 말할 때 단어가 잘 생각나지 않아 곤혹스러울 때가 많다. 결국 그거 있잖아 하면서 얼버무리고 만다. '그거'는 정확한 의미를 전달하지 못한다. 내 의도와 상관없이 듣는 이 마음대로 해석해 버린다. 정확히 상황을 파악하는 것만큼 상황 속에 내 상태와 감정을 알아채고 표현하는 건 또 얼마나 중요한가.

나는 감정을 통제하고 절제하는 게 미덕이라 여기며 살았다. 굳이 이런 말까지 해야 하느냐고 생각하는 쓸데없이 자존심이 강한 사람이다. 하지만 우리 둘째는 자기가 당면한 상황과 그 안에서 느낀 자신의 감정을 솔직히 표현할 뿐 아니라 상대에게 바라는 말이나 행동도 당당히 요구한다. 잠자리에 들 무렵 아이 기분이 좋지 않다는 걸 알아챘다. 지난주 열 감기 때문에 1주일간 학교에 가지 못했는데 수학 시간에 배우지 못한 내용을 가지고 게임을 진행했나 보다. 친구들은 환호하며 즐거워하는데 자기는 맞추지 못해 너무 창피했단다. 이 얘기를 하는데 얼마나 서러웠는지 말을 제대로 잇지 못한다. 아이 말이 끝나고 "그래서 넌 뭘 했어? 안 배운 내용이면 집에 와서 공부했어야지?"라고 해결책이랍시고 말했다. 아이는 알았다고 대답했다. 이튿날 퇴근해 집에 오니 식탁 위에 노란색 포스트잇 한 장이 붙어 있다. "엄마 나도 잘하고 싶었어. 내가 집에 와서라도 공부해야 했는데 그렇지 못해서 미안해. 다음부터는 내가 공부할게. 엄마도 내가 슬플 땐 괜찮다고 말해 주면 좋겠어. 그리고 백만 번 안아줘."

아이는 문제 상황을 충분히 이해하고 있었고 자신이 어떻게 해야 하는지도 알고 있었다. 아이는 문제해결보다 자기의 감정을 공감받고 싶었던 거다. 감수성이 풍부한 아이가 버거울 때도 있지만 사실 글 쓰는 데 필요한 공감력, 창의력, 직관력은 전부 감정과 관계가 있다.

어떤 종류의 쓰기든지 쓰기 위해서는 자기 생각이나 주장이 명확해야 하고 자신의 감정을 제대로 알 수 있어야 한다. 독자가 공감할 수 있도록 어떻게 표현할지는 다음 문제다. 수년 전 '메타인지'가 화두였다. 아주 쉽게 이해하자면 메타인지(metacognition)는 자신이 아는 것과 모르는 걸 구분해 아는 것이다. 메타인지가 뛰어날수록 학습에 유리하다는 연구 결과가 있다. 대부분 학생은 수업 시간에 배운(정확히는 들은) 내용을 다 안다고 착각하지만 얼마나 정확히 이해했는지는 평가 결과를 보면 알 수 있다. 메타인지는 학습에만 국한되지 않는다. 자기 자신을 '제대로' 아는 게 얼마나 중요한지 세월이 흐를수록 더 절실히 깨닫는다. 우리는 타인에 대한 동경과 경쟁심이 아니라면 굳이 하지 않아도 될 행동들을 정말 많이 한다. 하지만 메타인지가 좋은 사람은 자신이 어떤 일을 해야 하고 하지 않아야 하는지 안다. 불필요한 일에 시간과 에너지를 낭비하지 않는다. 오히려 자신이 해야 할 일과 할 수 있는 일에 집중하며 성과를 낸다. 상황을 제대로 파악하는 것만큼 상황 속에 있는 자신의 감정을 알아차리기 역시 매우 중요하다. 때로는 지극히 주관적 감정이 객관적 상황을 덮쳐 일을 그르치게도 하니까. '알아차림'이 필요한 이유다.

얼마 전 강연을 듣다 연사가 자신의 숨겨온 과거를 이야기했다. 어릴 적 그녀의 어머니는 그녀를 버리고 집을 나갔다. 자신은 어머니에 대한 배신감과 분노를 안고 살았지만, 겉으로는 전혀 티를 내지 않았다고 한다. 마흔이 넘어 우연한 기회에 글을 쓰게 되면서 자기 내면에 자리한 분노를 들여다보게 되었고 어머니를 점차 이해하게 되면서 미웠던 어머니가 가엽게 느껴지기 시작했다. 수십 년을 괜찮은 척 아닌 척 가면을 쓰고 살았는데 몇 개월의 글쓰기로 그녀는 해방되었다. 놀랍도록 덤덤하게 이야기하는 그녀를 보며 '아쓰기를 통해 치유 받았구나' 생각했다. 또 다른 연사는 글쓰기를 통해 고립되어 가던 자신을 세상 밖으로 꺼냈다. 그녀는 23개국을 여행하고 다양한 취미를 섭렵하며 각종 모임을 리드할 만큼 활동적인 사람이었다. 그러다 어머니가 치매 판정을 받으며 그녀는 어머니의 엄마가 되었다. 십 년 넘게 치매에 걸린 어머니를 돌보며 세상과 단절됐고 심신은 피폐해졌다. 그녀역시 우연한 기회 글쓰기 모임을 알게 됐고 쓰기를 통해 자신에게 끊임없이 물었다. 그녀가 이전처럼 활동적인 생활을 유지하고 있었다면 결코 만날 수 없었던 자신과의 시간이었다고 고백한다. 멈춰서 생각하지 않으면 느끼지 못할 때가 많다. 온전히 느껴야만 하는 감정이 있고, 직면해서 문제를 해결해야만 풀리는 감정이 있다. 쓰기를 통해 누군가는 고여있는 시간을 해방의 시간으로 바꿨고 누군가는 인고의 시간을 자신을 알아가는 시간으로 삼았다.

쓰기는 자신과 나누는 날것의 대화다. 글을 쓰며 나

자신을 더 깊이 이해하게 된다. 자신도 인지하지 못했던 감정이나 생각을 발견하고, 그로 인해 삶에 큰 변화를 경험하기도 한다. 또 때로는 절대 이해할 수 없던 타인을 이해하고 용서하게 된다. 덕분에 자신은 너그럽고 자유로워진다. 그리하여 자기 삶을 살게 만든다. 글을 쓰면 길이 보인다.

누군가로부터 상처받았을 때 너무 분하고 억울하고 심지어 자신이 보잘것없고 초라하게 느껴질 때 우리는 씩씩대며 상대를 욕한다. 어느 강연에서 연사가 자신의 사례를 빗대 가장 확실하게 상대에게 복수하는 방법은 '잘 사는 것'이라 했다. 아무리 이러쿵저러쿵 떠들어봤자 그저 패배자의 불평으로 치부될 뿐이다. 《여름이 온다》로 안데르센 상을 받은 이수진 작가의 말이 생각났다. "모든 뒤끝은 창작의 동기다."

재밌게 봤던 드라마 〈대행사〉에서 인상 깊게 들은 대사가 있다. "길을 만들지 마세요. 그건 일을 잘해본 적 없는 사람들이 하는 짓입니다. 그냥 하던 대로 하세요. 그게 성공하면 훗날 사람들은 그걸 '길'이라고 말하더군요." 우직함을 격려하는 말이 아니었다. 굳이 잘 보이려 하지 말고 네 삶을 통해 증명하라는 말이었다.

스스로 갉아 먹는 줄도 모르고 한창 자기계발에 심취해 내달린 시기가 있었다. 무엇무엇으로 성공했다는 사람들이 왜 그리도 많은지. 부러움은 물론이고 조바심이 났다. 한참을 지나 깨달았다. 내 한계와 동시에 가능성을. 자신을 이해하는 게 어째서 중요한지. 나라는 사람의 가치를 평가받기 위해 내가 지금 해야 하는 게 무엇인지. 이런 생각이 갑자기 영감처럼 떠올랐던 건 아니다. 매일 노트북을 부여잡고 씨름한 결과였다.

"내 몸뚱어리로 내 몸으로 글을 감당하고 내 몸과 함께 나아간다는 느낌이 없으면 글을 쓰기가 불가능하다. 내 글에서 내 몸뚱어리가 꿈틀거리며 몸이 헤치고 나간 흔적이 나타날 때 기쁘다. 내가 썼다기보다는 내 삶 속에 찾아온 일들을 글로 쓴 것뿐이다."

어딘가에서 읽은 김훈 작가의 인터뷰 일부다. 산문집 《연필로 쓰기》에 대한 인터뷰였던 걸로 기억한다. '글은 몸을 헤치고 나온 흔적'이라는 말에 밑줄을 그었다. 문자는 기호지만 글은 기호가 아니다. 글은 그 사람의 정신이자 실체다. 글은 거저 써지지 않는다. 경험에 생각이 더해지고 해석이 뒤섞인 후에야, 그러니까 내 몸속에서 일정 기간 숙성의 단계를 거치고 난 후에야 비로소 글이 된다.

글을 쓰면 쓸수록 쓴 대로 삶이 전개된다는 느낌을 부정할 수 없다. 그러기에 삶을 통해 자신의 글을 증명해야 할 책임도 자신에게 있다고 여긴다. 좋은 글을 쓰고 싶어 늘 고민한다. 내게 좋은 글이란 내가 쓴 문장이 나를 통해 읽히는 글이다. 글을 읽으면 내가 보이고 내 삶을 보면 내 글이 보이는 것. 필생일체(筆生一體), 이

것이 내가 추구하는 작가로서의 사명감이자 독자와의 암묵적 약속이다.

"요즘에도 새벽에 일어나 글을 쓰나요?", "여전히 운동을 열심히 하나요?" 종종 받는 질문이다. 내 책을 읽었거나 어딘가에 남긴 내 흔적을 본 이들이다. 글은 시간을 잡아둔다. 게으름이 나를 휘감고 놓아주지 않을 때 종종 이런 질문은 나를 다시 새벽에 일어나 글을 쓰고 마흔이 훌쩍 넘은 나이에 식스팩을 품은 사람으로 되돌려 놓는다. "위대한 책을 쓰고 싶다면 자신이 먼저 그 책이 되어야 한다." 기업가이자 투자가인 나발 라비 칸트의 말이 글과 삶은 같아야 한다는 내 생각에 힘을 실어준다.

효율이 중요한 나의 신념은 문체에도 고스란히 드러난다. 나는 간결체(Concise Style)를 추구한다. 군더더기 없이 짧고 명확한 문장을 통해 독자에게 핵심을 빠르게 전달하고자 한다. 때론 서정적 문체(Lyrical Style)를 닮고 싶어 노력하기도 하지만 어쩐지 나답지 않아 지워버릴 때가 대부분이다. 모든 작가가 성격과 문체가 일치하는지는 알 수 없다. 문체는 글의 내용과 표현 방식을 구체화하는 스타일로 글쓴이의 개성과 글의 목적에 따라 다양하게 나타난다. 능숙하게 문체를 활용하는 게 나는 아직 쉽지 않다. 글을 쓸 때 내가 지금 중언부언하지는 않은지 민감하게 따져보는 편이다. 이 역시 '척' 하는 걸 극도로 싫어하는 내 성향 탓일 거다. 그래서일까? 간결체를 추구하나 내 문체는 강건체(Robust Style)에 가깝다.

글을 쓰기 시작하면서 잘 쓰고 싶다는 욕심과 사투를 벌일 때가 많다. 그럴 때마다 먼저 잘살아 보자 자신을 다독인다. 나는 언제나 처음보다 끝이 아름다웠던 사람이었다. 그걸 늘 늦게 알아차리는 게 문제지만. 지금 내가 잘하고 있는 건지 의심스러울 때 내가 썼던 글들을 읽어본다. 그 글을 읽으며 부끄럽지 않다면 나는 잘살고 있는 거라 믿는다.

"아무도 쳐다보지 않는다고 해서 스스로 사라지지 마라. 그들이 고개를 들어 나를 바라볼 때까지 기다

려라. 퇴장하지 않는다면 반드시 누군가가 나를 기어이 본다." 아널드 슈워제네거의 말이다. 글을 쓰는 게 녹록지 않은 이유는 외로움이다. 쓰는 동안도 그렇지만 글을 쓴 후에도 독자가 간절하다. 읽히지 않는 글은 언젠가 사라지니까. 독자는 저자의 글을 보고 글쓴이가 궁금할 거다. 그 사람의 글이 곧 그니깐. 글과 글쓴이가 충돌하는 글은 오래 살아남지 못할 거라 믿는다. 그러므로 나는 내 글을 지키기 위해 잘살아야 한다. 내 글이 내 삶을 통해 힘을 얻도록 나는 삶으로 글을 쓰고자 한다.

이만한
가성비가
어딨어?

후배와 점심을 먹고 이런저런 얘기를 하다 최근 내가 만든 글쓰기 커뮤니티 이야기가 나왔다. 글쓰기가 왜 좋으냐는 질문과 책을 내면 뭐가 좋으냐는 질문이 이어졌다. 당장 글쓰기가 수익으로 이어진 것도 아니고 출간을 했다고 내 삶에 극적인 변화가 찾아온 것도 아니어서 나 역시 그 질문에 곰곰이 생각하게 되었다. 곧바로 상대를 수긍하게 할 대답을 하지 못했지만, 내 안에 답이 없었던 건 아니다. 내게는 쓰기의 이로움과 즐거움에 대해 말할 수 있는 직접 경험과 무수한 간접 경험들이 있으니까.

내 첫 책은 진정한 자기계발이 무엇인지에 대한 통렬한 경험을 기반으로 쓴 책이다. 책 제목이 《자기계발 절대로 하지 마라 그 대신 이건 꼭 해라》인데 '그 대신 이건 꼭 해라'는 내 의견은 아니었다. 몇몇 출판사와 미팅을 하면서 마지막 결말을 놓고 여러 의견이 있었다. 그래서 어떻게 하라는 건지가 없어 아쉽다는 의견도 있었고 뒤에 뭘 하라는 말이 없어서 좋다는 의견도 있었다. 결국 출간 때는 그래도 최소한 이것만은 하라고 꼬집어 줬으면 좋겠다는 의견이 우세해 그 부분을 추가했다. 그리고 내가 했던 많은 자기계발 중 이것만은 꼭 해야 한다고 강조한 것 중 하나가 '글쓰기'였다. 의도했던 건 아니었지만 두 번째 책은 그 '쓰기'에 관한 거다.

쓰기의 효용에 확신이 서고 쓰기 전도사가 된 이유도 온몸으로 체감한 나의 경험이 크게 작용했다. 쓰기를 통해 얻을 수 있는 이로움에 대해 이미 많은 근거가 있지만, 개인적인 경험에 비추어도 모든 주장이 틀린 게 없다는 결론에 이른다. 그리고 나름대로 쓰기의 이로움을 체감적 단계로 풀어보면 다음과 같은 순서였다. 첫 번째는 해소요 두 번째는 치유고 세 번째는 해결이다. 누군가에게 말하지 못할 이야기를 일기장에 은밀히 적었던 경험이 있다. 말하기엔 왠지 치사하고 창피한 일을 가슴 속에 품고만 있자니 속병이 날것 같은, 내 모든 비밀을 품고 있는 그 작은 노트는 나의 '대나무 숲'이었다. 그저 풀어내기만 했는데도 절로 치유가 되는 건 쓰기의 가장 큰 효용이다. 해소와 치유의 단계를 거쳐 치열한 시간의 무게가 더해지면 마지막 단계인 문제해결에 도달하게 된다. 물론 이 마지막 단계는 그저 쓰기만 해서 닿을 수 있는 건 아니다. 쓰고 생각하고 고민하는 인고의 시간을 통해서 가능하다. 이 시간을 즐겁게 지낼 수 있는 것 역시 쓰기가 가진 큰 강점이다.

나야 어릴 때부터 끄적이는 걸 좋아했던 사람이라 치더라도 평소 글쓰기와는 거리가 멀었던 남편을 보며 쓰기의 재미 또한 언급하지 않을 수 없다. 미션처럼 글쓰기를 시작한 남편은 어느새 하루라도 글을 쓰지 않으면 불안한 지경에 이르렀다. 새벽에 일어나 조용히 서재에서 노트북을 열고 무언가에 몰두한 채 자판을 두드리는 모습을 나는 꽤 자주 목격하곤 한다. 우리는 안다. 아이들도, 심지어 다 큰 성인도 자기가 좋다고 느끼지 않으면 실행에 옮기지 않는 지극히 이기적인 존재라는 걸.

또 다른 예로 우리 집 '실험쥐' 큰 애의 경우다. 50일만 열 문장씩 글을 쓰면 원하는 소원을 들어주겠다는 엄마의 달콤한 제안(아직 내가 지급한 대가는 없다)에 햇수로 4년, 1,000일을 넘게 하루도 빠짐없이 글을 쓰고 있다. 아이의 글에서는 유행하는 게임과 웹툰 등 최신 트렌드부터 아이의 가치관과 세상을 바라보는 시선까지도 엿볼 수 있다. 아무도 대적할 수 없다는 중2 사춘기 아들의 일상과 생각을 매일 공유하고 있으니 이보다 좋은 이득이 있을까. 말이 아닌 글이어도 말이다.

사십 대는 안 그래도 지출이 큰 시기다. 시장(market)에서는 큰손 대접을 받는 4050이지만 내 소득은 나 혼자 독차지할 수 있는 대상이 아니다. 오히려 허리끈을 더 졸라매야 하는 시기다. 건강관리를 위해 헬스장을 등록하려도 수십 번 고민하게 된다. 게을러서가 아니다. 자기계발에 쓸 돈이면 아이 학원비에 보태는 게 죄책감이 덜하다. 그런 면에서 쓰기는 얼마나 가성비 좋은 유희인지. 매일 행복할 순 없지만, 행복한 일은 매일 있다는 곰돌이 푸 말처럼 행복한 일뿐 아니라 힘들고 어려운 일까지 쓰기의 소재는 매일 일상에 차고 넘친다. 글쓰기가 언제나 즐겁고 쉽진 않겠지만 쓰기는 유용하고 유익할 뿐만 아니라 유쾌한 일임엔 틀림없다.

나이를 먹을수록 시간을 어떻게 보내야 할지 난감해하는 사람들을 많이 보게 된다. 가깝게는 우리 부모님이 그렇고 은퇴한 선배들이 그렇다. 모두가 시간을 분 단위로 쪼개 쓰던 사람들이다. 나 역시 은퇴하고 아이들이 장성하면 내가 짊어졌던 많은 역할에서 자유로워질 거다. 경험은 그 어느 때보다 충만할 거고, 조급함은 확연히 줄어들 거다. 생각은 깊어질 테고 언행에는 무게가 실리겠지. 쓰기 딱 좋은 때가 오고 있다. 중언부언할 필요도 없이 삶의 경험만으로도 설득이 되는 시기가 내게도 온다.

"만약 이십 대로 돌아갈 수 있다면 돌아갈래?"

밥을 먹다 뜬금없이 친구가 물었다. 약속이라도 한
듯 거기 모인 사십 대, 우리는 모두 절규하듯 외쳤다.
"아니!"

"야 우리 나이가 벌써 몇인데."

"그런 걸 하기엔 너무 늦었지."

"10년만 젊었어도 좋겠다."

이제 겨우 사십몇 년을 살아놓고 말끝마다 '나이'를 입에 달고 산다. 우리 아파트 할머니는 사우나에서 나를 볼 때마다 "아이고 이쁘다. 그 나이면 뭐라도 할 수 있지"라고 치켜세우는데.

　나의 이십 대, 삼십 대를 돌아본다. 찬란할 정도는 아니었지만, 꽤 치열하게 살았다. 열정적이었고 아름다웠다. 그렇지만 다시 그때로 돌아갈 테냐고 묻는다면 나 역시 '아니다' 지금이 좋다! 비록 피부의 탄력이 떨어져 민낯으로 돌아다닐 수 없고 주먹이 쥐어지지 않을 만큼 손가락 마디마디가 아프고 계단을 오르면 무릎이 시큰거리지만 말이다.

　수많은 경험이 지금의 나를 키워냈다. 성공과 실패, 기쁨과 슬픔, 형용할 수 없는 다양한 감정과 상황을 겪으며 여기까지 왔다. 누적된 실패의 경험은 새로운 목표에 도전할 수 있는 밑바탕이 되었고 성공한 경험이 주는 자신감은 나의 마흔을 지켜준다. 이 모든 경험 덕분에 나는 나 자신을 믿으며 살아간다. 중년이 되어보니 불필요한 감정과 불안에서 어느 정도 벗어나 삶의 우선순위를 정하고 선택의 결과를 겸허히 받아들일 수 있는 견고함이 내게도 생겼다. 이삼십 대 없었던 자기 확신과 안정감이 사십 대 내가 누리는 호사라면 호사다.

언젠가 나보다 열 몇 살 많은 지인의 집에 놀러 간 적이 있다. 그때 내가 삼십 대 중반, 지인이 사십 대 후반이었다. 40평대 아파트에 잘 갖춰진 내부 인테리어가 멋스러웠다. 나는 언제쯤 이런 아파트에 이렇게 꾸미고 살게 될까 부러웠다. 아이들을 미국에 보내고 부부만 사는데도 우리 집보다 넓었으니까. 과일을 담은 접시와 커피를 담은 찻잔이 눈에 들어왔다. 그릇에 큰 관심이 없었던 나도 알아볼 만큼 유명 브랜드였기 때문이다. 지인 아내의 차림새는 소박했으나 기품이 묻어났다. 내가 너무 부럽다고 너스레를 떨자 "지현 씨가 내 나이쯤 되면 더 잘 살 텐데요. 지금이 한창 정신없고 불안하고 그럴 때예요"라며 나의 부러움을 어루만져 주었다. 그땐 그저 자기보다 어린 손님을 배려한 접대용 멘트로 여겼다. 하지만 내가 막상 지인의 나이가 되니 나를 부러움의 대상으로 여기는 후배들이 생겼다. 나 역시 지인의 말과 별반 다르지 않은 말을 후배들에게 건넨다. 인사치레가 아닌 진심으로 그럴 거란 걸 알기에. 왁자지껄한 삼십 대를 지나 이제야 한숨 돌리는 시기가 내게도 온 거다.

제2의 사춘기 마흔의 문턱을 넘으며 나는 타인과의 관계 속에서도 한층 성숙해졌음을 느낀다. 선택과 집중, 불필요한 오해와 갈등을 줄이고, 진정으로 소중한 사람이 누군지 알기에 그런 이들과 깊은 관계를 유지하려 정성을 다한다. 과거에는 관계의 넓이가 중요했지만, 이제는 관계의 깊이에 집중한다. 서로의 이야기를 진심으로 들어주고 함께 성장할 수 있는 관계를 유지하는 게 얼마나 소중한지 경험으로 배웠다.

늘 잘살아야 한다고 조바심을 냈다. 좋은 성적을 받고 좋은 대학에 가고 좋은 직업을 갖고 좋은 배우자와 결혼해야 한다고 말이다. 그렇지만 그건 모두 타인과의 비교에서 정의된 '좋은'이었다. 그러니 누구와 비교를 하느냐에 따라 어떨 땐 울고 어떨 땐 웃었다. 가정을 꾸리자 비교 대상은 나에게서 배우자, 아이들까지로 확장됐다. 아이가 첫걸음마를 하는 시기부터 한글을 떼는 시기까지 다른 아이와 비교하게 되는 어처구니없는 현실을 직접 겪었다. 그러나 이제는 안다. 잘 산다는 건 타인과의 비교가 아닌 스스로 정의한 삶의 형태, 그걸 얼마나 견고히 만들어 가는지에 관한 문제란 걸. 막연히 잘 살고 싶다는 추상적인 목표가 아닌 어떻게 살고 싶은가에 대한 구체적 대답을 찾는 일련의 과정이 진정 인생을 잘사는 방법이란 걸 말이다.

다시 이십 대로 돌아갈 거냐는 질문에 아니라고 답한 이유는 단순하다. 마흔이 넘은 이제야 이미 오래전 해야 했던 삶의 질문에 충분히 고민할 시간을 갖게 되었다는 사실, 완벽히 만족스럽진 않아도 그래서 또 다행인 게 의외로 많은 지금을 살고 있기 때문이다. 불안과 걱정으로 방황한 지난 시간은 내적 욕망과 현실 사이에서 삶의 균형을 찾도록 도와줬다. 그 덕에 중년의 나이지만 세상의 기준이 아닌 가슴

속 저 아래에서 피어오르는 진짜 꿈을 갖게 됐다. 마흔이 넘어서도 꿈꿀 수 있다는 건 몸서리치게 설레고 기분 좋은 일이다.

시작도
끝도
나였다

결국 그거였어?

몇 년 동안 나를 뒤흔들었던 삶의 의문이 이제야 풀렸다. 왜 그렇게 배우는지, 왜 그렇게 불안했는지. 그래서 난 어떻게 살고 싶은지. 삼십 대 후반부터 시작된 자신과의 보이지 않는 싸움이 드디어 대단원의 막을 내렸다. 한없이 다그치고 정신없이 달렸던 근 십 년의 시간이 비로소 마침표를 찍는다.

여기저기 기웃대며 타인의 삶을 바라보던 내 감정은 코인 시세처럼 출렁였다. 지하 밑에 또 다른 지하가 기다리고 있던 적도, 세상을 내 맘껏 살 수 있으리라 우쭐했던 때도 있었다. 이 말을 들으면 이 말이 맞는 거 같고 저 말을 들으면 저 말이 맞는 거 같이 줏대라고는 애당초 있지도 않은 사람처럼 격하게 동요했다. 위아래, 좌우로 그럴싸한 말에 현혹돼 몸과 마음은 피곤하다 못해 지쳐갔다. 인생을 아무리 오래 살았다 한들 그 사람이 경험한 인생은 하나뿐인데 마치 그게 정답인 양 떠드는 사람과 그를 추종하는 내 모습이 우습다는 걸 한참 지나 알게 됐다.

'너 자신을 알라'는 그 흔하디흔한 말이 곧 내가 찾던 삶의 기준이었음을 이제야 온 마음으로 받아들인다. 쓰지 않았다면 가슴속 깊은 곳에 갇힌 자아를 결코 만날 수 없었을 것이다. 자기계발의 마지막 단계로 글쓰기를 시작한 게 아니다. 나는 진정 내 삶의 명확한 목적과 주도권을 되찾고 싶었다. 누군가 부여한 나라는 사람의 정체성이 아닌 스스로 자신 있게 인정하고 싶은 정체성 말이다. 그걸 쓰기를 통해 발견했다. 글쓰기는 안간힘 쓰기라는 어느 작가의 말처럼 내게 도 쓰기는 분투의 시간이자 투쟁의 시간이었다. 쓰기 는 기억을 재생하고 자신의 언어로 형상화함으로써 사건을 객관적으로 바라볼 수 있게 해주었다. 또 사건 을 재구조화해 사고의 전환이 일어나게 해주기도 했 다. 쓰면 쓸수록 나는 나를 이해했고 이해하면 할수록 나를 둘러싼 관계와 환경에 대해 더욱 유연한 자세를 유지할 여유와 힘이 생겼다.

작가란 결국 자신의 강박관념에 대해 쓰게 되어 있다. 자주 출몰해서 괴롭히는 것, 절대 잊을 수 없는 것, 자 신의 육체가 풀려나기를 기다리고 있는 것을 이야기 로 엮는다.

《뼛속까지 내려가서 써라》

쓰고자 하는 누구라도 자신만이 쓸 수 있는 글이 있 고 그 글은 각자의 서사에 근거해 힘을 얻게 된다. 왜 유독 마흔의 나이에 삶을 방황하는지 도대체 우리가 찾고자 하는 삶의 의미와 정체성은 무엇인지 그러다 결국 누구든 '나'라는 결론으로 귀결되는지.

　우리가 무엇을 부족하다고 여기는지에 따라 인생이 달라진다는 심리학자 아들러의 말처럼 각자의 경험에 기반한 신념은 삶의 기준이 된다. 그리고 그 기준은 어디 먼 데 있는 게 아니라 나 자신에게 있음을 깨닫는 십 년이었다. 나를 찾고자 분투했던 시간이었는데 나는 늘 거기에 있었다. 쓰지 않았다면 절대 발견할 수 없는 깨달음이다.

　풋, 돌고 돌아 '나'라니.

모든 지식의 연장은
의식적인 행동을
무의식으로 바꾸는 것에서 생겨난다.

Every extension of knowledge arises from making
the conscious the unconscious.

부록

어 떻 게   쓸 까 ?

꾸준히 쓰기

쓰고 싶은 이들이 많아지는 요즘이다. 언젠가 자기 이름
으로 책을 내고 싶은 '꿈'이 언제부터인가 보편적인 꿈이
됐다. 언젠가 책을 출간하고 싶은 이는 많지만 당장 글을
쓰는 이는 많지 않다. 쓰고 싶은 것과 쓰고 있는 것은 엄
연히 다른 얘기다. 은유 작가는 이를 '쥐며느리'와 '며느
리'에 비유하기도 했다.

내가 처음 책을 출간했을 때 지인들의 반응은 다양했다.
대단한 일을 했다며 축하를 해주기도 어떻게 책을 출간
했냐고 궁금해하기도 했다. 드러내놓고 말하진 않았지
만, 의외라는 반응도 있었다. 여러 가지 반응 뒤에 숨겨

진 '부러움'과 '질투'도 느꼈다. 늘 그렇지만 우리는 일의 결과에 방점을 찍는다. 결과가 좋으면 그 뒤에 과정을 회자하며 또 다른 관심을 보이기도 하지만 과정보다 결과가 우선되는 건 어쩔 수 없어 보인다. 내가 보기에 나와 별반 다르지 않아 보이는 내 지인이 책을 출간했다니 나도 할 수 있겠다고 생각하는 건 지극히 자연스러운 마음이다.

출간 방법을 묻는 이들에게 나는 '일단 쓰라'고 권했다. 너무 당연하고 간단한 방법이지만 책을 내고 싶다면 우선 글을 써야 한다. 일단 쓰라는 내 권유에 글쓰기를 시작한 이는 단 한 명, 내 '남편' 뿐이다. 남편은 글 쓰는 걸 좋아하던 사람은 아니었다. 그저 자기 아내가 책상 앞에 앉아 꾸역꾸역 글을 쓰더니 책을 출간한 걸 곁에서 지켜보았던 사람이다. 미루어 짐작건대 그의 글쓰기 시작은 '부러움'이었을 거다. 남편은 정말 열심히 글을 썼다. 흔들리는 바다 위에서도 유혹이 넘쳐나는 육지에서도. 일 년간 그가 쓴 글은 비록 정제되지 않은 글이지만 A4 200장에 달했다. 결국 그도 책을 출간했고 우리는 의도하지 않게 '부부 작가'가 되었다. 사람들이 또 묻는다. 어떻게 책을 냈느냐고. 그것도 부부가 같이. 나는 똑같이 대답한다. 꾸준히 글을 쓴다고. 그리고 글쓰기의 효용과 순기능에 대해서도 잊지 않고 덧붙인다.

큰아이가 5학년 때다. 큰 기대 없이 아이에게 50일 동안 매일 열 문장씩 글을 쓰면 원하는 걸 들어주겠다 제안했다. 내 제안을 수락한 아이는 중학교 2학년이 된 지금까지 하루도 빠짐없이 블로그에 글을 쓴다. 아이는 어떤 목적도 없다. 50일만 쓰고 말려던 글쓰기가 50일 만에 글쓰기의 재미를 알아차리게 했을 뿐이다. 이제는 멈추고 싶어도 멈출 수 없는 지경에 이르렀다고 스스로 말한다. 덕분에 엄마인 나는 아이의 생각과 감정, 사소한 일상까지도 글을 통해 알게 된다. 대화가 적어도 우리는 많은 걸 공유하고 있는 셈이다. 매일 글을 쓰는 아이에게 글의 소재를 찾는 게 일이라면 일이다. 아이는 그날의 글을 쓰기 위해 자신의 느낌과 감정, 주변 상황을 자세히 바라보고 기억하려 한다. 심지어 기절하는 순간 '아, 오늘은 이게 글감이 되겠구나' 했단다.

매일 글을 그것도 정해진 분량의 글을 쓰려면 주위의 어떤 것도 허투루 지나칠 수 없다. 비슷하게 반복되는 일상에서 매일 다른 주제와 감정을 느끼려면 눈과 귀 오감이 열려있어야 한다. 실제로 글을 쓰면 인생이 풍요로워진다고 말하는 이들이 많다. 평범하기 이를 데 없는 일상을 육체의 감각과 깨어있는 정신이 존재하지만 보이지 않는 것들과 당연한 걸 당연하게 보지 않게 도와준다. 글을 쓰지 않는 사람은 있어도 글을 쓰다 그만두기 어려운 이유도 여기에 있지 않을까?

글쓰기는 글쓰기를 통해서만 배울 수 있다. 기초부터 탄탄히, 어느 정도 이론을 습득하고 글을 쓰겠다고 생각하면 단언컨대 절대 글을 쓸 수 없다. 쓰기를 주저하는 이들이 지금 하는 고민은 일단 쓰고 난 다음에 고민할 문제인 경우가 다반사다. 글쓰기도 훈련이 필요하다. 훈련을 게을리하는 프로가 없듯이 지루한 훈련 과정에서 기량은 쌓이기 마련이다. 쓰는 습관이 체득될 때까지 도와주는 코치나 시스템, 즉 환경이 조성돼 있으면 훨씬 도움이 된다. 글쓰기는 때론 무척 외로운 과정이라 함께 쓰는 이가 있다면 큰 위로가 된다.

내 1 직업은 해양경찰이다. 일반인들에게 해양경찰은 특수한 직업이다. 우리가 생활하는 곳은 육지인데 내 일은 대부분 바다에서 일어난다. 그곳은 잘 보이지 않는 곳이다. 일반인이 생각하는 바다와 해양경찰 직업인이 생각하는 바다는 전혀 다르다. 보통 사람들이 생각하는 바다는 낭만의 공간이다. 수평선 너머 태양이 떠오르고 지는 곳, 푸르르지만 때때로 붉게 물드는 해수면, 물고기 떼가 여유롭게 헤엄치고 그 위를 자유롭게 항해하는 선박들, 자연이 제공하는 맛있는 먹거리가 넘쳐나는 곳. 하지만 해양경찰인 우리가 경험한 바다는 변덕스러운 날씨, 위협적인 파고에 맞선 구조활동, 생계와 직결된 어업권과 관련된 각종 규제와 갈등, 밀수와 밀입국, 치열한 해양 영유권 분쟁을 둘러싼 강대국들과의 첨예한 대립. 일일이 나열할 수 없는 치열한 공간이다. 남편의 책 《해양경찰이라서 다행이다》에서도 말하지만 우리는 존재하나 보이지 않을 때가 많다. 그래서 나는 동료들과 우리의 존재를 책을 통해 널리 알리고 싶어졌다. 세상에 존재하지만 보이지 않는 많은 존재들을 대표해서 우리 일터의 경험을 글로 옮기는 작업을 해야겠다 결심했고 사내 동호회를 만들기로 했다.

"라라랜드" _ Write for Life, 삶을 위해 쓰다. Land, 쓰는 이들을 위한 영역.

계획이 실패했다. 우리 직원들은 아무도(남편 빼고) 함께 글을 쓰자는 내 손을 잡지 않았다. 안타까웠다. 우리는 쓸 이야기가 넘쳐나는데. 우리의 이야기는 누구도 흉내를 낼 수 없는 희소성 있는 글감이 될 텐데. 아쉽지만 계획이 틀어졌다고 목적을 수정할 필요는 없었다. 나는 대상을 넓혀보기로 했다. 해양경찰뿐만 아니라 전국 공무원으로 말이다. '공직자'라는 갑옷을 입고 있는 전국의 공무원들과 우리의 이야기를 풀어보고 싶어졌다.
이번엔 전국 공무원이 사용하는 '온나라' 업무 포털에 커뮤니티를 만들었다. 간단한 신청서 양식을 올리고 신청서를 제출하는 사람들에게는 활동 기간별 기수를 부여하고 단톡방을 만들고 카페 가입을 승인했다. '한 명도 신청하지 않으면 어쩌지?' 잠깐 걱정했지만 내겐 가장 강력한 글 친구, 남편이 있었다. 아무도 신청하지 않는다면 우리 둘이 매일 글을 쓰면 될 일이었다. 걱정은 사라졌고 그사이 하나둘 신청서가 접수됐다. 총 열한 명의 전국 공무원이 신청서를 제출했다(이 글을 쓰는 시점 기준으로 4기가 운영 중이다).

드디어 100일간의 미션을 성공적으로 마쳤다. 11명의 글에는 그들의 삶이 들어있었다. 미션을 완수한다고 어떤 혜택이 주어지는 것도 아닌데 이들은 꾸역꾸역 글을 썼다. 나는 궁금해졌다. 이들은 왜 쓸까? 아니 우리는 왜 쓸까? 쓰는 동안 우리들의 글에는 글쓰기의 어려움을 토로하는 글도 심심치 않게 보였다. 그만두고 싶다는 솔직한 글도 있었다. 성실함이란 공무원 특성이 반영된 걸까? 100일의 기간을 마치고 우리는 다시 1주일에 한 편씩 글을 쓰기로 했다. 나는 이 모임을 계속 유지할 작정이다. 신청자가 없으면 우리 부부가 그 기수의 크루가 되어 쓰면 되니까.

글쓰기에도 근육처럼 '글력'이 필요하다. 실력이 아니다. 글 근력이다. 매일 짧게나마 글을 쓴다는 건 글에 몸을 싣는 거나 마찬가지다. 힘이 빠지니 가독성이 좋은 글이 나온다. 꾸미지 않으니 담백하지만 깊은 글이 나온다. 매일 쓰니 삶이 묻어난다. 이러니 쓰지 않을 도리가 없지 않나. 꾸준함의 가치, 그게 평범한 우리의 최고의 방법이 아닐까.

매일 쓸 수 있는 환경 만들기

평균 이상의 의지를 가진 사람이라면 블로그나 SNS에 매일 글을 발행하는 자신만의 약속을 만들고 실천에 옮겨보자. 선언하기는 일단 내뱉고 나면 타인이 아닌 자기가 감시자가 된다. 만약 혼자서는 도저히 글을 쓸 수 없다면 글쓰기 모임에 참여해도 좋다. 요즘 글쓰기 모임은 매우 많으니 자신의 상황과 취향을 고려해 선택하면 된다. 의지에 균열이 생길 때 시스템의 역할은 빛을 발한다.

나는 출근하자마자 #라라랜드 카페에 글을 인증한다. 일단 쓰고 일과를 시작하는 거다. 하기 싫거나 어려운 일은 먼저 하는 게 여러모로 마음이 놓이는 편이라. 시간을 정해놓던가 루틴을 만들어 놓으면 작은 의지만으로도 실천에 옮길 수 있다. 글쓰기는 외로운 과정이다. 첫 문장을 열고 마침표를 찍을 때까지 자신의 의지가 없으면 할 수 없다. 그러나 함께 쓰는 이가 있다면 그리고 내 글을 읽어주는 이가 있다면 그 과정이 덜 외롭다. 철저하게 혼자의 영역이지만 동행하는 이가 있어야 가능한 영역이기도 하다.

설계도가 필요해

지도가 있으면 길을 헤매지 않고 찾아갈 수 있듯이 글을 쓸 때도 지도가 필요하다. 내 경우 책을 집필한다고 하면 우선 '프롤로그'를 작성하며 전체 맥락을 기획한다. 내 글을 읽었으면 하는 대상 독자와 전달하고자 하는 핵심 메시지를 집약해본다. 그리곤 기-승-전-결을 나누고 그 아래 쓸 소제목들을 쭉 뽑아본다. 결국 이건 목차가 되는데 목차는 글을 쓰면서 계속 수정한다. 기승전결은 의식의 흐름에 맡기는 편이다. 기획서라고 하기엔 아마추어 같지만 내가 느끼는 걸 다른 이들도 비슷하게 느끼는 경우가 많으니 대중의 취향쯤으로 여기고 시작하면 된다.

소제목 뽑기

크게 1장부터 4장 혹은 1장에서 3장으로 구분했으면 장 (chapter)에 맞는 소주제를 적어 본다. 주제는 그때그때 떠오르는 문장이나 단어를 기록한다. 우선 핸드폰 메모장에 적고 다시 엑셀 시트로 정리한다. 주제를 적으면 자연스럽게 어울리는 주제끼리 분류하고 그렇지 않은 주제는 삭제하거나 수정하면 된다. 이게 목차 초안이다. 앞서도 언급했지만, 목차는 글을 마무리 짓는 순간까지도 계속 수정 보완할 수 있으니 처음부터 완벽한 순서를 정할 필요는 없다.

글을 쓰고 제목을 정하는 방법과 제목을 정하고 글을 쓰는 방법이 있는데 나는 후자를 애용한다. 아주 가끔 글을 완성한 후 제목을 수정할 때도 있지만 목차에 따라 글을 쓰는 게 글의 일관성을 유지하는 데 도움이 된다. 참고로 글마다 소제목으로 저장하면 맨 윗줄에 제목이 나타나 옆길로 새는 걸 방지할 수 있다.

골조가 튼튼한 집

글도 집 짓기와 같다. 간단한 스케치라도 있어야 계획했던 형태를 완성할 수 있다. 독자를 정하고 핵심 메시지를 뽑고 원하는 방향으로 글을 전개하기 위해 가장 중요한 건 자신의 주장이나 의견이다. 이를 뒷받침하기 위한 근거나 에피소드는 차후 문제다. 자기 생각이 명확하지 않으면 어디선가 들었거나 읽었던 다른 이의 생각을 옮기는 것에 지나지 않는다. 그래서 글은 손으로 쓰기 전에 머리와 가슴으로 먼저 쓰는 거다.

첫 문장

"첫 만남은 너무 어려워. 계획대로 되는 게 없었어." 둘째 아이가 한동안 주야장천 불렀던 노랫말이다. 첫 만남만 그런 게 아니다. 모든 일은 계획대로 되지 않을 때가 더 많다. 나는 글의 첫 문장에 힘을 쏟는 편이다. 첫 문장은 독자와 나의 '첫 만남'이니까. 첫 문장에서 독자의 환심을 사지 못하면 다음 글이 더 힘들어진다. 첫 문장에서 독자와 교감을 시작하려면 최대한 짧고 간결하게 시작하는 게 좋다. 첫 만남부터 너무 질척대면 독자는 달아날지도 모른다.

작게 시작하되 구체적으로

아주 대단하고 거창한 이야기만 글의 소재가 되는 건 아니다. 누구에게나 있을 법한 이야기가 구체적으로 묘사될 때 독자는 더욱 글에 몰입하게 되며 공감한다. 예를 들어 학교를 졸업하고 취업을 준비할 때 고민과 복잡한 감정, 사회생활에서 겪은 애로사항이나 육아로 겪게 된 정체성의 혼란 등등이 그 시기를 겪는 혹은 겪을 이들에게 영감을 줄 수 있다. 자신의 명확한 주장과 이를 쉽게 잘 전달할 수 있도록 도와줄 직간접 에피소드(경험)가 있다면 쓰고자 하는 글이 더욱 풍성해진다. 그 글로 독자의 마음을 울릴지 가슴을 찌를지는 천천히 계획해도 늦지 않다.

쓰기의 사칙연산

자신의 명료하고 확실한 주장이 있다면 이를 뒷받침하기 위한 근거는 얼마든지 찾을 수 있다. 관련 키워드로 웹서핑만 해도 구미가 당기는 자료들은 차고 넘친다. 다만 마음에 드는 자료가 있다고 모조리 내 글에 갖다 쓰면 뻔한 글이 될 것이다.

어느 날 아이가 수학을 왜 배워야 하느냐고 물었다. +, -, -, ×, ÷만 하면 되지 않느냐고. 맞는 말일지도 모른다. 그런데 셈만 할 줄 안다고 사는 데 문제가 없을까? 아이에게 수학 공부의 당위성을 구구절절 설명하다 문득 사칙연산에 '인생'이 들어있음을 발견했다. 우리가 살아가기 위해서는 먹고 배우고 채워야 할 게 참 많다. 많이 가지면 가질수록 삶이 윤택해지니까 너도나도 더 갖지 못해 안달복달이다. 하지만 더하기만 해서는 진정한 행복을 알지 못한다. 모든 게 갖춰졌을 때만 인생이 행복한 건 아니니까. 때론 부족하기에 채워지는 것도 있고 또 때로는 일부러라도 덜어내야 할 때도 있다. 하나씩 채워가는 과정이나 하나씩 걷어내는 과정에서 우리는 완벽한 상태에서 느끼지 못하는 다양한 감정과 미처 생각하지 못한 이면의 걸 깨닫게 되기도 한다.

한 사람이 말하는 것과 여러 명이 같은 말을 하는 건 다른 결과를 도출한다. 내가 이야기하고 싶은 걸 다른 사람도 느끼고 있는 경우처럼 말이다. 한 사람의 소리는 힘이 없지만, 다수가 내는 소리는 힘이 생기니까. 각자 처지에 따라 이해관계가 달라진다. 그러나 우리는 홀로 살아갈 수 없는 사회적 존재가 아닌가. 서로 다른 이해관계를 가진 우리가 함께 어우러져 살아가는 세상이다. 여럿의 경험은 한목소리가 되기도 얽히고설켜 새로운 이야기가 되기도 한다. 단순한 +(더하기)만으로 설명할 수 없는 ×(곱하기)의 상황이 종종 펼쳐진다.

인간은 지독히 이기적이지만 또 한편에서는 더없이 이타적이다. 다른 사람의 아픔에 공감할 줄 알고, 돕기를 원한다. 혼자만 배부른 것보다 부족하더라도 함께 나누어 먹는 게 심적으로도 사회적으로도 이롭다. 할 수만 있다면 다 같이 잘사는 세상이 되었으면 좋겠다. 좋은 글은 많은 이가 함께 나눈다. 여기서 저기로 글을 퍼다 나른다. 글이 멀리멀리 퍼져갈수록 없던 힘도 생긴다. 그런 글을 쓰기 위해서는 주위에 도움이 필요한 사람은 없는지 내가 힘을 보태야 할 곳이 없는지 살펴야 한다. 사회적 존재로서 우리의 소임을 잊지 말자.

글을 쓸 때 수학의 사칙연산을 기억해서 써보자. 내 주장에 경험을 더하고 불필요한 말들은 지우고 개인의 경험뿐 아니라 책이나 강연에서 알게 된 내용을 활용해 자신이 느낀 혹은 알게 된 새로운 깨달음을 독자가 공감할 수 있도록 말이다. 당신이 쓰는 글에 인생의 채움, 비움, 함께, 나눔을 담았으면 좋겠다.

드러내기

막상 글을 쓰기로 했어도 결심이 무너지는 건 순간이다. 당연하다. 글을 쓴다고 당장 어떤 변화가 생기는 것도 누가 알아주는 것도 아니니까. 지루하고 가끔은 허망해 보이는 이 일을 지속하기엔 세상에 재미있고 영리한 일들이 넘쳐난다. 쓰기는 이래서 좋고 저래서 좋고 아무리 감언이설로 내가 당신에게 쓰기를 강권해도 당신 스스로 쓰지 않는 이상 그게 다 무슨 소용이겠나. 쓰기의 이로움도 셀 수 없이 많지만 쓰기를 주저하는 데도 적잖은 이유가 존재한다.

쓰기 시작하지 못하는 가장 큰 이유는 '두려움'이다. 잘 쓰지 못할까 두렵고 누가 내 글을 읽을까 두렵고 혹은 아무도 읽지 않을까 봐 두렵다. 내 이야기는 다른 쪽에서 보면 다른 이의 이야기도 된다. 어떠한 상황에서 나 혼자 어떤 감정을 느낄 수는 있어도 상황 자체는 누구 또는 무엇과 관계된 것일 테니. 심지어 자신의 유년 시절 겪은 경험도 부모 형제와 연관돼 있고 결혼생활을 쓸래도 배우자와 관련이 있다. 회사 생활 이야기를 쓸래도 동료나 상사와 연결된다. 그러니 우리는 쓰기 전부터 고려해야 하는 게 너무 많아진다. 그런데도 일기가 아닌 보이는 글을 써야 한다고 나는 말하고 싶다. 글은 누군가에게 읽혀야 제 기능을 하는 거다.

쓰기를 지속하려면 쓰기를 통한 자기성찰도 중요하지만 "그렇구나, 네 말이 맞다, 나도 그렇게 느꼈다"처럼 공감과 격려의 응원이 필요하다. 물론 이런 게 없이도 '순수하게' 쓰기가 좋아 혼자만 볼 수 있는 글을 써도 지치지 않는다면 말릴 수야 없지만. 100세 철학자 김형석 교수님은 평생 일기를 썼다. 하지만 그는 일기만 쓴 게 아니다. 많은 저서도 함께 썼다.

글을 표출할 플랫폼은 얼마든지 있다. 가장 흔하게 블로그가 있고 SNS도 있다. 뭔가 조금 글쓰기에 자긍심을 불어넣고 싶다면 브런치처럼 약간의 허들이 있는 플랫폼도 있다. 내가 쓴 글을 누군가 읽고 '좋아요' 같은 공감 버튼을 누르고 그 숫자가 커지면 왠지 내가 장한 일이라도 한 것 같은 기분이 들기도 한다. 세상살이에서 툭하면 꺾이는 자존감을 이런 데서 회복하기도 한다. 나의 좌절과 실패가 부끄러운 비난의 대상이 아닌 위로와 도전의 대상이 되는데 대단한 장치가 필요한 건 아니다. 사람만 상호작용이 필요한 게 아니다. 글도 쓰고 읽는 상호교감이 절대적으로 필요한 생물이다.

김빠지는 소린지 모르겠지만 사적인 자신의 이야기를 글로 쓰는 데 두려움이 앞선다면 생각보다 사람들이 내 글을 보지 않을 거라고 믿어도 무리가 없다. 오히려 자신이 쓴 글을 많은 사람이 읽어 난처해지면 당신의 글은 대중성이 있는 거니 그 길로 쭉 밀고 나가면 된다. 나는 이런 날을 항상 고대한다.

그러니 두려움에 비공개 글만 쓰고 있다면 용기를 내어 당신의 글을 세상에 꺼내놔 주길 당부한다. 당신의 글이 누군가에게 가닿길 바란다.

재료 모으기

글이 잘 써지지 않을 때 힘을 빼거나 구체적으로 묘사해 보라는 조언을 읽었다. 힘을 빼라는 말은 항상 듣는 말이지만 정말 실천하기 어렵다(도대체 힘을 어떻게 빼라는 거냐고).

여름휴가를 맞아 강원도 양양에 갔다. 아주 즉흥적이었다. 인구 소멸로 몸살을 앓는 여타 지방 도시와 달리 양양은 젊은 세대 인구 유입이 늘어났다는 기사를 읽었다. 기사에는 MZ들의 핫플레이스(hot place) 양양이 서핑의 성지로 추앙받는 이유도 나열해 있었다. 놀거리 먹거리가 넘쳐나니 입소문을 타며 젊은 친구들이 양양을 찾는다는 거다. 특별한 휴가 계획이 없었고 서핑을 한 번도 해보지 않았지만 배워보고 싶다고 예전부터 생각했었다. '양양 서핑'이라고 검색하니 체험 후기와 업체 광고가 줄을 잇는다. 그중에 아이들 강습을 잘해준다는 후기 몇 개를 읽고 바로 DM(direct message)을 보냈다. 응대가 빠른 업체 사장님에게 예약을 확정하고 이틀 뒤 새벽 양양으로 달렸다. 점심쯤 도착한 양양은 폭염주의보가 발령됐고 가만히 있어도 육수가 줄줄 흐르는 땡볕이었지만 거리에는 기사에서 보던 그대로 젊은이들로 활기찼다. 그 속에 있자니 나도 이십 년 전으로 돌아간 듯한 착각에 빠질 뻔했다. "전혀 뒤지지 않네. 우리 와이프!" 남편의 칭찬에 으쓱해질 찰나 "안 되겠다. 뒤에 애들이 있네. 엄마인 거 티나."

더운 날씨 덕분에 이론은 간단히 하고 바로 강습 시작, 한 명씩 차례로 강사가 밀어주는 보드에 엎드려 출발했다. 둘째 녀석은 바로 일어나 해안가까지 서서 가는 탁월한 균형 감각을 보여줬다. 90분 강습 내내 둘째는 설렁설렁 타는데도 매우 안정적인 자세를 유지했고 뒤이어 첫째도 퍽 익숙해졌다. 우리 부부는 겨우 일어서 비틀비틀 균형을 잡기 위해 안간힘을 썼다. 기대 이상으로 재밌는 경험이었다. 다음 날 아침 온몸이 쑤신다는 남편과 달리 둘째 녀석은 전혀 아무렇지도 않단다. 힘 빼기가 이런 건가?

위의 에피소드는 어제 있었던 내 경험을 그대로 적은 거다. 잘 쓰려고 문장을 매만지지도 않았고 인용 글을 덧붙이지도 않았다. 어제의 생생한 기억을 그대로 글로 옮겨 적었다. 이렇게 직접 경험한 재료는 글감으로 활용하기 수월하다. 직접 경험한 소재는 구체적인 묘사가 가능해 좋은 점이 있지만, 매번 직접 경험한 일들로만 글을 쓴다면 내 글은 편향적이고 단조로운 글이 될지도 모른다.

맛있는 음식을 만들고 싶다면 다양한 식자재가 필요하다. 재료가 신선하다면 더없이 좋다. 풍성한 글을 쓰기 위해서도 다양한 글감이 필요하다. 글감은 직접 경험한 일도 있지만, 책이나 강연, 신문 기사나 칼럼 등 매우 다양한 매체를 통해 구할 수 있다. 그래서 쓰기 위해서는 읽고 듣고 직접 해 봐야 한다. 장르에 상관없이 책을 읽다가 좋은 문장이 있으면 '문장수집' 폴더를 열어 기록해 둔다. 책 제목(신문 발행 날짜)과 저자, 해당 문장을 적고 그 아래 그 문장을 읽었을 때 느낀 감정과 떠오른 내 생각을 함께 적어 둔다. 이렇게 한번 적어놓으면 글을 쓸 때 내 생각이 막히거나 사고가 확장되지 않을 때 큰 도움을 받을 수 있다. 따로 적어놓은 문장만 읽어도 책 한 권을 읽은 것 같은 인사이트가 생기기도 하니 나중으로 미루지 말고 그때그때 기록해 두는 습관을 갖는 게 좋다.

문장수집 폴더 안에도 주제별로 소분류를 해놓으면 활용하기가 훨씬 유용하다. 예를 들면 독서, 자기계발, 운동, 경제, 육아, 조직문화, 소통 등등. 관련 글을 쓸 때 어느 폴더에서 찾으면 되는지 알기 쉽다. 이 외에도 '글감 수집'이라는 폴더도 있다. 문장수집이 책이나 강연 등 타인의 글을 정리한 폴더라면 글감 수집은 어떤 상황에서 떠오른 내 감정이나 생각 등을 적은 짧은 글이다. 대개 핸드폰을 열어 인스타그램 피드로 발행하거나 메모장에 적어 두고 집에 돌아와 폴더에 옮겨 적곤 한다. 이렇게 모아놓은 글은 본격적인 글을 쓸 때 양념처럼 쓰이곤 하는데 기록해 둔 시점이 달라 그런지 꽤 감칠맛을 돋군다.

글은 저자를 벗어나기 힘들지만 이렇게 모은 자료들은 글의 깊이를 더해 준다. 타인의 글을 벗 삼아 내 글을 쓰고 타인은 내 글을 벗 삼아 자신의 글을 쓴다. 우리는 서로가 서로에게 영감을 주는 존재고 그건 글뿐만 아니라 삶 또한 그러하리라.

소소하지만 유용한 글쓰기 팁

종종 내가 이타적인 사람이란 걸 잊어버린다. 새롭게 알게 된 유익한 정보나 좋은 경험은 널리 알려야 직성이 풀린다. 글쓰기 효용을 알아버렸으니 혼자만 이 좋은 걸 할순 없다. 공무원 업무포털에 '글쓰기 커뮤니티'를 개설한 이유다.

지원 동기와 관심 분야 등 간단한 신청서를 받았다. 지원 동기를 묻는 물음에 이들은 똑같이 호소했다. 글은 쓰고 싶은데 어떻게 쓸지 막막하다고. 나라고 이들과 다르지 않다. 좋은 글을 쓰고 싶지만 어떻게 써야 좋은 글이 될지 늘 고민한다. 좋은 글이란 독자가 공감할 수 있으면서 생각할 게 많은 글이다. 전달하고자 하는 메시지가 정확히 전달되는 글이다. 정확히 전달하려면 제대로 써야 한다. 잘 써야 잘 읽힌다. 잘 읽히는 글은 비문이 없다. 오탈자나 어법에 맞지 않는 오류만 제거해도 괜찮은 글이 된다. 여기서 글의 깊이는 논하지 않겠다. 나는 그럴 자격이 되지 않으니까. 그저 계속 쓰고 싶은 사람으로서 스스로 지키려고 애쓰는 글쓰기 팁 정도를 공유하고자 한다.

"넌 줄 알아."

우리가 글을 쓴다면 어떤 장르가 많을까. 수필이다. 내 경험, 생각, 주장 등등 우리는 자기 이야기를 글로 표현하고 싶어 한다. 그래서인지 문장을 시작할 때 '나는'으로 시작하는 경우가 많다. '나는 이렇게 생각한다', '나는 무엇을 했다', '내가 예전에 이런 일을 겪었다' 등등. 초등학교 때 '누가, 언제, 어디서, 무엇을, 어떻게, 왜'는 글쓰기 필수요소라고 배웠다. 그래서일까. 초등학생 때 쓴 일기는 온전히 내 이야기임에도 문장마다 '나는'이 빠지지 않았다. 우리가 지금 쓰고 싶은 글은 일기가 아니다. 보여주는 글이다. '나'를 빼도 맥락을 이해할 수 있다면 과감하게 빼 보자. 문장이 훨씬 세련돼진다.

문장을 구성하는 기본요소는 주어와 서술어다. '단문'으로 쓰라는 말을 많이 들어봤을 거다. "봄이 왔다"처럼 주어와 서술어가 각각 한 개인 문장이 단문(홑문장)이다. 단문은 군더더기가 없기에 간결하다. 독자는 읽기 편하고 저자는 정확한 메시지를 전달할 수 있다. 표준국어대사전은 "주어와 서술어가 각각 하나씩 있어서 둘 사이의 관계가 한 번만 이루어지는 문장"이라고 설명한다. 주어와 서술어가 최소 두 개 이상 있는 문장을 복문(겹문장)이라 한다. 표준국어대사전에는 "한 개의 절이 다른 문장 속에 한 성분으로 들어가 있거나, 둘 이상의 절이 서로 이어지거나 하여 여러 겹으로 된 문장"이라 설명한다. "겨울이 가고 봄이 오니 내 마음도 따뜻해진다" 같은 형태다. 복문은 주어와 술어가 복잡하게 얽혀있는 문장이다. 천천히 생각하며 읽어야 그 맛을 느낄 수 있다. 복문을 잘못 쓰면 글쓴이의 의도와 다르게 읽는 이는 '이게 무슨 말이지?'라고 생각할 수 있다. 같은 의미의 문장도 단문으로 쓰느냐 복문으로 쓰느냐에 따라 글맛이 달라지기도 한다. "겨울이 갔다. 봄이 왔다. 내 마음도 따뜻해진다."

문장이 간결해지면 의미 전달이 정확해진다. 글에 힘이 느껴진다. 단문의 묘미를 느끼고 싶다면 김훈《칼의 노래》를 꼭 읽어보길 바란다.

"주어와 서술어는 최대한 가까이"

단문으로 쓴다는 게 쉬운 일은 아니다. 모든 문장을 단문으로 쓸 수도 없다. 단문으로 쓰고자 함은 정확한 의미 전달을 위해서다. 그러기 위해서는 단문으로 써야 할 문장도 복문으로 써야 할 문장도 있다. 단문이든 복문이든 주어와 서술어는 최대한 가까이 붙여야 한다. 둘 사이 거리가 멀어질수록 오류의 가능성이 커진다. 주어와 서술어를 연인으로 가정하자. 장거리 연애라도 하려면 서울에서 대전까지는 가능하겠지만 서울에서 부산은 너무 멀다.

'보다 단순하고 명료한 것에 대한 우리의 태생적 선호는 집단의 극단적인 구성원들이 '평균적인' 관점을 반영할 가능성을 낮다는 것을 알면서도 그런 견해를 믿고 따르게 만든다.' 얼마 전 읽은 신문 기사 일부다. 나는 이 문장을 몇 번을 읽었다. 마침내 이해했지만, 주어(우리의 태생적 선호는)와 술어(만든다) 사이가 너무 멀다.

"남발하지 말자, 접속사"

한 편의 글을 완성하려면 여러 문장이 필요하다. 문장과 문장, 단어와 단어를 이어주는 역할을 하는 게 접속사다. '그리고, 그런데, 그러나, 그래서, 그러므로, 그렇지만, 따라서, 그리하여' 등이 이에 해당한다. 문장과 문장 사이에 접속사를 잘 활용하면 글이 매끄럽게 이어진다. 문제는 접속부사를 너무 많이 쓴다는 거다. 앞에서도 언급했지만, 문맥이 이해되면 굳이 쓸 필요가 없다. 접속부사를 남발하면 문장의 탄력이 떨어진다.

"이 가게는 음식이 맛있다. 그리고 가격이 싸다. 그래서 손님이 많다."

"이 가게는 음식이 맛있고, 가격이 싸서 손님이 많다."

우리말은 동사, 형용사, 조사가 발달한 언어다. "토씨 하나 안 바꾸고" 할 때 토씨가 조사이다. 조사를 어떻게 쓰느냐에 따라 말뜻이 달라진다. "너를 사랑해", "너도 사랑해", "너만 사랑해", 세 문장의 의미는 완전히 다르다. 조사에 대해 조금 더 자세히 들여다보자. 조사는 격조사, 접속 조사, 보조사로 분류한다. 격조사는 주체의 역할을 하는 단어에 자격을 부여한다. "엄마가 아이에게 책을 사 주었다"라는 문장에서 '~가'는 주격조사, '~에게'는 부사격 조사, '~을'은 목적격 조사다. "나와 그는 친구다"처럼 '~와'는 두 단어를 같은 자격으로 이어주는 구실을 하는 접속 조사다. 보조사는 앞말에 특별한 뜻을 더해 주는 기능을 한다. '~도, ~만, ~까지, ~마저, ~조차' 등과 같이 토씨는 글의 탄력을 높인다. 조사를 잘 활용하면 문장의 맛을 잘 살릴 수 있을 뿐만 아니라 접속사를 사용하지 않고도 문장을 매끄럽게 연결할 수 있다. 대표적인 조사가 '~

도'이다. "그녀는 얼굴이 예쁘다. 그리고 마음씨가 곱다."라는 문장을 "그녀는 얼굴도 예쁘고 마음씨도 곱다."라고 간결하게 쓸 수 있다.

조사 중에서도 '~이/가'와 '~은/는'을 잘 구분해서 써야 한다. "버려진 섬마다 꽃이 피었다."《칼의 노래》첫 문장이다. "버려진 섬마다 꽃은 피었다"와는 어떻게 다른지 작가 자신의 말(중앙일보 2008.11.30.일자 인터뷰 기사 중)을 빌려 이해해보자.

"나는 처음에 이것을 '꽃은 피었다'라고 썼습니다. 그리고 며칠 있다가 담배를 한 갑 피면서 고민고민 끝에 '꽃이 피었다'라고 고쳐놨어요. 그러면 '꽃은 피었다'와 '꽃이 피었다'는 어떻게 다른가. 이것은 하늘과 땅의 차이가 있습니다. '꽃이 피었다'는 꽃이 핀 물리적 사실을 객관적으로 진술한 언어입니다. '꽃은 피었다'는 꽃이 피었다는 객관적 사실에 그것을 들여다보는 자의 주관적 정서를 섞어 넣은 것이죠. '꽃이 피었다'는 사실의 세계를 진술한 언어이고 '꽃은 피었다'는 의견과 정서의 세계를 진술한 언어입니다."

이렇듯 토씨 하나에 글의 의미가 달라진다. 조사를 잘 다

루면 글쓰기가 훨씬 즐거워질 것이다. 물론 그러기 위해 저자 자신의 이유 있는 사유와 통찰이 뒷받침돼야 할 것이다.

선무당이 사람 잡는 건 아닌지 마지막 꼭지를 쓰고 잠시 고민했다. 누차 밝히지만 나는 글쓰기를 전문으로 배운 사람이 아니다. 그저 글쓰기를 좋아하고 앞으로도 지속할 사람일 뿐이다. 글쓰기를 원하나 주저함에 머뭇거리는 이들이 쓰는 이로 돌아서길 바라는 마음에 몇 자 덧붙인 거니 너그러운 마음으로 양해해 주길 바란다.

마치기 전에 몇 마디만 더…

한때 '갓생'이란 용어가 자기계발의 지향점으로 등장했다. 새벽부터 일어나 하루를 밀도 있게 생산적으로 살아야 성공할 수 있다고 말이다. 틀렸다고 말하려는 게 아니다. 모두가 그럴 필요는 없다고 말하고 싶을 뿐이다. 《2025 트렌드 노트》를 읽다 보니 '우리' 중심에서 '나' 중심으로 트렌드가 바뀌고 있다고 주장했다. 성공보다 성장, 자기계발보다 자기관리를 중요하게 여기는 게 요즘의 흐름이라는 분석을 보며 내 생각이 틀리지 않았음에 괜히 으쓱했다. 나는 첫 책에서도 자기계발에 앞서 자기 이해가 먼저고 자기 이해를 통해 자기관리를 해나감으로써 성장을 넘어 성숙할 수 있다고 주장했다. 성공을 위한 완벽한 삶보다 자신의 약점과 결핍을 인정하고 있는 그대로의 자기를 수용하며 자신의 취향이 스며있는 삶이 곧 가장 솔직한 나다운 삶일 거라 여긴다.

#마음근육

서른아홉 겨울 이제 나이 앞자리 숫자가 바뀐다는 사실에 나는 밑도 끝도 없이 불안했다. 삼십 대에서 바라본 사십 대는 이제는 젊음의 자리에서 온전히 물러나야 한다는 박탈감이 컸다. 삼십 대와 사십 대의 경계는 일 년이 아니라 한 세대의 교체처럼 느껴졌고 마흔이라는 물리적 나이에서 오는 무게감은 이십 대에서 삼십 대로 넘어가는 그때와는 달랐다. 그렇게 불안과 걱정으로 서른을 보내고 마흔을 맞이할 즈음 우연히 읽은 인터넷 기사를 보고 나는 결심했다.

내가 본 건 한 여성의 비키니 사진이었다. '미즈 비키니'라는 대회에서 1등을 한 여성의 사진 한 장이 내 심장에 꽂혔다. 사십 대 아이 셋을 둔 워킹맘이라는 설명이 기사에 있었다. 사십 대라고? 출산한 여성이라고? 일반인이라고? 적절한 근육과 매끈하게 정리된, 라인이 아름다운 한 여성이 나를 바라보고 있다.

태어나서 근력 운동이란 건 단 한 번도 해본 적 없다. 직업 특성상 체력관리가 필요한 건 맞지만 보직이 주로 행정업무였던 터라 현장에서 힘을 써야 할 일이 적었던 것도 한몫했다. 특공대 직원들이 땀을 뻘뻘 흘리며 운동하는 걸 보면서 왜 저렇게까지 해야 하는지 의아해하던 나였다. 한마디로 숨쉬기 외에는 운동과 먼 삶을 살았다. 그런 내가 헬스장에 등록하고 트레이너 선생님과 수업을 하기 시작했다. 대회까지는 아니더라도 내 배에 '王'(왕) 자를 새겨보자는 아주 단순한 목표를 설정했다. 일단 목표를 설정하면 경주마로 변하는 나는 매일 2~3시간씩 헬스장에서 운동하는 동시에 집에서도 틈틈이 홈트를 병행했다. 탄수화물을 철저히 배제한 식단을 실천했고 그 모든 과정을 기록으로 남기며 매일 운동일지를 썼다. 딱 100일이다. 100일간의 운동으로 나는 인생 최저의 체중을 기록했고 내 복부에도 존재하고 있던 초콜릿을 발굴했다. 그뿐만 아니다. 태어나서 처음으로 해본 웨이트의 재미와 운동이 주는 도파민을 맛보았고 노화를 당연하게 받아들이는 게 아니라 저항할 수 있다는 자신감도 얻었다. 이왕 만든 몸 사진으로 남겨보자 '바디 프로필'도 찍었다.

외형의 변화는 내면의 변화로 이어졌다. 근육이 좀 붙고 몸이 단단해지니 마음에도 근력이 생기며 단단해졌다. 체력이 생기니 나는 조금 더 포용적인 사람이 되었고 할 수 있을까 의심했던 일도 할 수 있겠다 싶어졌다. 내 몸에 붙은 근육만큼 마음의 불안이 상쇄됐다. 모임이 많은 연말 식단 조절과 운동이 쉽지 않았지만, 운동이 주는 성취감과 직관적인 변화에 기쁨이 더 컸다. 마음이 약해질 때 머릿속이 복잡할 때 왜 사람들이 밖으로 나가 몸을 움직이는지 알 것 같았다. 걱정된다고 불안하다고 가만히 있으면 걱정과 불안은 눈덩이처럼 점점 커진다. 그렇다고 무턱대고 아무 일이나 벌이기엔 신중함이 몸에 밴 우리가 아닌가. 이제는 살기 위해 운동한다고 자조 섞인 말로 운동의 필요성에 대해 말하지만 실은 생존을 위해서가 아니라 자신으로 살고 싶은 고요한 몸부림이다. 육체가 건강해야 정신이 맑고 정신이 온전해야 나에게 맞는 선택을 할 수 있다. 선택에 대한 책임을 다할 때 나는 비로소 자유로워지니까.

"상대가 역류를 일으켰을 때 나의 순류를 유지하는 것은 상대의 처지에서 보면 역류가 된다." 드라마 〈미생〉에 나오는 대사다. 세상이 이렇게 해야 한다, 저렇게 해야 한다고 우리를 휘몰아칠 때 자신의 소신대로 흔들림 없이 나아가는 것, 그게 중년의 우리가 역류를 버텨내며 나답게 살아가는 방법이 아닐까.

#기가 세요

왜 그럴 때가 있지 않나. 나도 내가 이해되지 않을 때. 내게도 그런 때가 종종 있다. 마흔이 벼슬도 아닌데 이렇게 호되게 넘기나 싶었다. 누구나 겪는 한낱 숫자에 불과할 뿐인데. 얼마나 대단한 사람이라고 나다움을 찾고 인생의 의미를 찾는지. 좀 싱숭생숭하네, 조금은 어른이 되어가나 보네, 이쯤 여기고 넘기면 얼마나 좋을까? 희미하게나마 내가 어떤 사람이고 어떻게 살고 싶은지 알았으니 이걸로 만족하고 살면 되지 않을까? 이토록 치열하게 고민하고 시도했음에도 여전히 나는 내가 어떤 사람인지 궁금하고 어떻게 살아야 잘 사는 건지 고민한다. 어렴풋이 내린 나라는 사람, 잘 사는 인생의 정의가 여진처럼 흔들릴 때 여전히 불안감을 느낀다.

결혼을 앞두고 사주를 보러 간 적이 있다. 그런 곳에 간 건 그때가 처음이자 마지막이었다. 음력 생년월일을 묻는 점술가가 대뜸 여자가 기가 세다며 나를 한번 툭 올려본다. 기가 세다는 게 얼핏 들어도 좋은 뉘앙스는 아니었다. 내 생일은 음력으로 초하루다. 월초에 태어난 여자들은 다 기가 센가? 기분이 살짝 상한 나는 엄마에게 여자가 기가 세면 좋지 않은 거냐고 물었다. 엄마가 그랬다. "요즘은 여자도 남자처럼 똑같이 대학 나오고 사회 생활하면서 사는 세상이니 기가 센 건 좋은 거지." 실제로 내가 기가 센지 약한지는 모르겠으나 엄마 말처럼 나는 요즘 세상에 맞는 사주를 갖고 태어난 거다.

그래서인가. 나라는 사람은 순순히 '네'가 안 되긴 하다. 그렇다고 무조건 딴지를 건다는 말은 아니다. 단지 누군가와 이야기하거나 어떤 현상을 볼 때 '왜(Why)'라는 생각이 자주 떠오른다. 이해가 되지 않으면 다음 단계로 넘어가는 게 어렵다. 그러니 스스로 이해될 때까지 묻고 생각해야 직성이 풀린다. 이런 기질이 어쩌면 누구에게나 오는 마흔을 더욱 호되게 보내게 하는지도 모르겠다.

#내려놓음

몇 해 전 명상을 할 때다. 1:1로 선생님과 명상했는데 명상을 마치고 눈을 뜨니 선생님이 내게 물었다. 무엇이 보이나요? 명상 때 선생님의 안내로 어떤 장면을 떠올렸는데 명상을 마치고 뭐가 보이냐는 선생님의 물음에 넓은 초원에 흰 원피스를 입고 뛰어다니는 내가 보인다고 대답했다. 내 대답을 들은 선생님이 낮은 톤으로 말씀하셨다.

저랑 명상을 좀 더 하셔야겠습니다.

무슨 의미인지 묻지 못했다. 명상을 마친 후 앞으로 더 수련이 필요하다는 선생님의 말씀이 내가 여전히 무언가를 알아차리지 못하고 있음을 우회적으로 말씀하신 게 아닐까 짐작했을 뿐이다. 간절히 기도하는 누군가의 앞에 신의 음성이 들린다. 두 손에 모든 걸 움켜쥐고 더 받으려고 애쓰는 우리의 모습이다.

애야, 네가 잡은 걸 놔야 내가 줄 수 있지 않겠느냐.

#괜찮아

이 책의 제목을 정말 오랫동안 고민했다. 불안했던 마흔을 인정하고 앞으로 조금씩 나아가는 필자의 모습을 독백하듯 글로 썼다. 이 책은 마흔에 이르러 하게 된 생각과 마흔이 돼 바뀐 독서 취향, 글쓰기 습관까지 고루 담아냈다. 그래서인지 뾰족한 제목이 떠오르지 않았다.

마흔의 고개도 어느덧 중간을 넘었다. 그러고 보니 마흔이, 아니 나이를 먹는 게 어떤 면에서는 좋다. 불안하지 않은 건 아니지만 그 불안조차도 품고 갈 수 있는 여유가 조금 생겼다고 해야 할까? 전 연령대를 통틀어 불안하지 않은 세대가 있을까? 모두가 불안과 걱정으로 전전긍긍한다. 거기에 나까지 보태고 싶지 않았다. 지내 보니 힘들다고 생각했던 이 나이가 좋아지는 것도 있더라는 경험을 나누고 싶었다. 그러니 우리, 너무 자신을 책망하지 말고 다독이며 가보자고 말하고 싶었다. 그 과정에 이런저런 방법들이 꽤 쓸모가 있더라고 제안하고 싶었다. 하지만 의견이 분분했다. 불안을 완전히 극복한 건 아니지 않느냐. 글쓰기 말고도 인생의 전환기를 잘 헤쳐나가는 방법이 많지 않느냐. 맞다. 아프니까 청춘이라는 말처럼 불안하니까 마흔이다. 인생 후반전을 막 시작하는 자신부터 부모 봉양, 육아 및 아이의 입시까지 불안의 대상과 종류도 다양하다. 내 처지가 바뀔 때마다 가지고 있던 신념과 철학이 흔들린다. 그러면 나는 또다시 불안해진다. 이러한 과정이 무한 반복된다. 괜찮다. 당연한 과정이다.

젊음을 놓아야 하는 동시에 아직 경험해 보지 않은 노년의 삶으로 가는 인생의 변곡점 마흔 즈음에 우리가 느끼는 이 불안은 미래로 가기 위한 필연적 관문일 것이다. 단지 그것을 인정하고 지혜롭게 자신을 다독이며 앞으로 나아가는 사람과 그것에 굴복해 남들과 비교하고 타인의 욕망을 좇으며 불안의 스노우볼을 굴리는 이가 있을 뿐이다.

내가 가진 많은 페르소나 중에서 나는 '작가'라는 정체성을 가장 사랑한다. 퓰리처상을 수상한 대문호 실비아 플라스는 글쓰기 동력이 '사라져가는 느낌'이었다고 백했다. 자신의 존재를 증명하고 남기기 위해 자신이 살아있다는 증거로서 글을 쓴다고 말이다. 인생의 변곡점에서 나답게 살고 싶은 욕망은 엄마이자 아내이자 딸이자 직업인으로서의 내 현실에 비추어 볼 때 이상에 가까운 바람일지도 모른다. 좁혀지지 않은 현실과 이상 사이에서 나 역시 중심을 잡고자 글을 쓴다. 글은 자신에게 몰입하고 집중해야만 쓸 수 있기 때문이다. 세상을 향해 날카로운 시선을 주고 예민하게 느낄 수 있어야 쓸 수 있다. 내게 글을 쓰는 시간은 '을'로 살아가는 세상에 '갑'이 되는 순간이며 나답게 살고자 하는 중년의 절규를 실현하는 시간이다.

앞으로도 나는 글을 쓰며 살 것이다. 앞에서도 여러 차례 강조했지만 글쓰기만큼 나를 찾게 되는 순간이 드물기 때문이다. 이것은 나의 방법이다. 나는 당신이 당신답게 살 수 있는 다양한 도구를 장착했으면 좋겠다. 지금의 나로서 충분히 괜찮다고 느끼게 되는 순간이 어떤 순간인지 잘 찾아보기 바란다. 내게는 글 쓰는 시간이 그렇다면 또 다른 누군가에게는 책 읽는 순간이 운동하는 순간이 요리하는 순간이 회사에서 일하는 순간이 자기로서 우뚝 서 있는 시간일 수 있다.

이제 정말 글을 마치며….

　2024년 겨울은 대한민국 역사상 잊지 못할 사건들로 온 국민이 온탕과 냉탕을 오갔습니다. 한강 작가의 노벨 문학상 수상이라는 벅찬 영광의 순간, 나는 그저 내가 대한민국 국민이라는 게, 글을 쓰는 작가라는 게 고마 웠습니다. 2022년 프랑스 작가 아니 에르노의 노벨문학 상 소식을 듣고 그의 문학적 신념(오로지 경험한 것만 쓴다) 이 내가 지향하는 점과 닮았다는(어디까지나 혼자만의 생각이 지만) 생각에 글쓰기에 대한 확신이 굳건해지기도 했습니 다. 왜냐하면 언젠가부터 소설이나 시나리오를 쓰고 싶 다는 마음이 강하게 들었거든요. 하지만 창의적 발상과 상상력이 부족한 내가 과연 소설을 쓸 수 있을지 의심스 러웠습니다. 여든이 넘은 여성 작가 아니 에르노의 수상 은 어쩌면 나도 '언젠가는' 진짜로 소설을 쓸 수 있을지도 모른다는 희망으로 그녀의 수상 인터뷰 지면을 곱게 가 위로 잘라 스크랩해 두었습니다. 그로부터 2년 뒤 대한 민국 한강 작가의 수상이 이어지며 나는 스스로 부여한 '작가'라는 정체성에 더욱 고무되었습니다.

초고를 마치고 수십 번의 퇴고를 마칠 때까지 에필로 그를 적을 수 없었습니다. 마흔에 이르러 더는 쓰지 않고 배길 수 없는 나만의 이유를 글로 설명하자니 생각이 많아졌습니다. 왜 나의 마흔은 이토록 지독할까. 왜 쓰기였을까. 꽤 오랫동안 생각했습니다.

글쓰기가 어렵다고들 합니다. 말 잘하는 사람도 글은 어렵다고요. 말하듯 쓰라고 권해도 쉽게 행동으로 옮기지 못합니다. 머릿속에 산재해 있는 생각을 활자로 옮기면 정리되고 명확해집니다. 어쩌면 글을 쓰기로 한 건 불안한 현재의 나를 명확하게 바라보고 인정하기 위한 과정일지 모릅니다. 글쓰기는 처음부터 완성형이 될 수 없으니까요. 글을 쓰는 시간은 미숙한 내가 조금씩 완숙한 사람으로 변화하는 과정입니다. 새벽에 기어이 일어나 책상에 앉아 노트북을 열었던 건 그렇게라도 나라는 사람이 깨어있음을, 존재함을 스스로 입증하기 위한 분투의 시간이었습니다. 일부러 만들지 않으면 결코 가질 수 없는 나만의 시간, 나만의 세상을 저는 글쓰기를 통해 다져간 겁니다. 쓰지 않았다면 결코 느낄 수 없었을 충만함과 자아 효능감을 만끽하기도 했습니다. 일상과 뒤섞인 불안을 안고 살면서도 아직도 자기다움을 포기할 수 없는 삶에 대한 책임이자 자유가 아닐까요?

두 번째는 좀 쉬워질 줄 알았습니다. 오히려 곱절은 어렵네요. 첫 책을 출간하고 아는 이에게 책을 선물했습니다. 그분이 그러더군요. 이렇게 강건한 사람이었어요? 자기 확신에 찬 주장들이 염려스러웠던 모양입니다. 책은 출간되어 유통되는 순간부터 공적 자산이 되니까요. 전에는 그렇게 생각했는데 지나고 보니 아니었어요, 이럴 수는 없잖아요. 물론 사람의 생각이나 주장은 바뀔 수 있습니다. 그러나 타당한 근거와 논리적 명분이 있어야겠죠. 저자의 경험을 바탕으로 쓰는 자기계발서나 수필은 그래서 더 조심스럽습니다. 그럼에도 여전히 저는 주장합니다. 우리가 자기답게 살기 위해서는 자기 이해가 바탕이 돼야 합니다. 자기를 제대로 이해하고 수용하고 인정할 때 나는 나로서 당당하게 살 수 있습니다. 그게 불안에 잠식당하지 않고 자신을 지키는 방법이며 주체적으로 살고 싶은 우리 모두의 바람일 테니까요.

꼬박 2년에 걸친 작업 기간이었습니다. 1년 6개월을 썼고 반년을 퇴고했습니다. 그 사이 저를 둘러싼 환경도 바뀌고 제 마음 상태도 바뀌었습니다. 누가 알아주길 바라며 하는 작업은 아니지만 옆에서 응원해주고 지켜봐주는 가족들이 없었다면 어려웠을 게 분명합니다. 두 번째라 더 잘하고 싶었습니다. 더 잘하고 싶었다는 말은 더 많은 이들이 제 글을 통해 위로받고 격려받았으면 하는 의미입니다. 이 책이 꼭 읽어야 할 사람들이 모두 읽을 수 있는 책이 되길 간절히 바랍니다. 책 속의 모든 내용을 기억할 수 없고 그럴 필요도 없지만, 당신의 가슴에 가 닿은 '한 문장'이 있길, 그 한 문장이 당신을 당신답게 살아가도록 응원해 주길 소망합니다.

22쪽   하상욱, 〈누가 나를 싫어하면〉(하상욱 시인 인스타그램, 2021).

46-47쪽   구본형, 『마흔세 살에 다시 시작하다: 구본형의 자아경영 프로젝트』(휴머니스트, 2007).

87-88쪽   알랭 드 보통/정영목 옮김, 『불안』(은행나무, 2011).

116-117쪽 장류진, 『일의 기쁨과 슬픔』(창비, 2019).

128쪽   곽재구, 『곽재구의 포구기행: 꿈꾸는 삶의 풍경이 열리는 곳』(해냄, 2018).

146쪽   진은영, 『나는 오래된 거리처럼 너를 사랑하고』(문학과지성사, 2022).

148-149쪽 이병률, 『누군가를 이토록 사랑한 적』(문학과지성사, 2024).

150쪽   박준, 『당신의 이름을 지어다가 며칠은 먹었다』(문학동네, 2012).

151쪽   이규경, 〈용기〉(이규경 네이버 블로그, 2018).

236쪽   니탈리 골드버그/권경희 옮김, 『뼛속까지 내려가서 써라』(한문화, 2018).

마흔이
니체에
　열광하는
　이유
_____

2025년 3월 24일 처음 펴냄

지은이　　　안지현
펴낸이　　　김영호
펴낸곳　　　도서출판 동연
등　록　　　제1-1383호(1992년 6월 12일)
주　소　　　서울시 마포구 월드컵로 163-3
전　화　　　02-335-2630
팩　스　　　02-335-2640
이메일　　　yh4321@gmail.com
인스타그램　instagram.com/dongyeon_press
홈페이지　　dongyeonpress.modoo.at

ISBN 978-89-6447-090-9 03040